U0916198

沟通的艺术

说话心理学

刘文华　编著

团结出版社

图书在版编目（CIP）数据

说话心理学 / 刘文华编著 . -- 北京 : 团结出版社，2019.4（2023.11 重印）
（沟通的艺术）
ISBN 978-7-5126-6983-3

Ⅰ . ①说… Ⅱ . ①刘… Ⅲ . ①心理交往—语言艺术—通俗读物 Ⅳ . ① C912.11-49

中国版本图书馆 CIP 数据核字（2019）第 082303 号

出　版：团结出版社
（北京市东城区东皇城根南街 84 号　邮编：100006）
电　话：（010）65228880　65244790（出版社）
（010）65238766　85113874　65133603（发行部）
（010）65133603（邮购）
网　址：http://www.tjpress.com
E-mail：zb65244790@vip.163.com
tjcbsfxb@163.com（发行部邮购）
经　销：全国新华书店
印　刷：金世嘉元（唐山）印务有限公司

开　本：145mm × 210mm　32 开
印　张：6 印张
字　数：110 千字
版　次：2019 年 4 月　第 1 版
印　次：2023 年 11 月　第 2 次印刷

书　号：978-7-5126-6983-3
定　价：29.80 元
（版权所属，盗版必究）

前　言

说话大师，个个都是心理学大师。

那些善于鼓动人心的伟大人物，谈笑之间平息一场战事、挽救一个国家，表面上看是嘴上功夫好，但究其本质是倾注了大量心力，去读懂对手，继而通过语言操纵对手。

在这个人与人之间接触越来越频繁的时代，事业的成功、家庭的幸福、人生层次的提升都与说话水平大有关系。从一定程度上说，人和人之间的较量，很大程度上是说话的较量。而说话的较量，又在很大程度上是心理上的较量。

你真的会说话吗？那种能使人听了开颜消怒，并且悦人心扉的神秘力量，你可以发挥出来吗？你知道面对一个人讲话时需要注意什么吗？面对一百个人时，你能应对过来吗？你知道一般社交应酬、工作交流或者演说时，怎么说才能吸引住别人吗？

一个参透说话心理学的人，能用语言的力量说服他人甚至“操纵”他人。说话技巧的主旨在于把握人际关系，创造良好谈话氛围。拥有优雅的谈吐，可以助你左右逢源，事业顺达，同时彰显个人魅力和感染力。

有些人滔滔不绝却无法给别人留下深刻的印象，有些人不经意的几句话却能让人拍案叫绝；有些人费尽心机却不能达到最佳效果，有些人简简单单几句话就能让人心服口服。究其原因，根源还是在于懂不懂得说话心理学，能不能把握听者的心理。说话这件事，看起来大家都会，但实际上真想要出效果、够精彩，必须从心理学的角度出发，攻心为上，千言万语抵不过一次心灵上的触动。

使用心理学的策略，引导整件事朝自己想要的方向发展，说话办事注意分寸，你就能在社交场合中进退自如。

目　录

第一章　会说话懂心理，迈出成功第一步 / 1

说话操纵术 / 2
拉近彼此距离 / 4
该说的话大方说 / 6
好口才是练出来的 / 8
检测你的健康沟通状况 / 10

第二章　善用心理学，一句话定成败 / 15

首因效应：赢在讲话第一句 / 16
自我介绍背后的秘密 / 19
闲聊效应，教你几分钟熟络起来 / 22
莫让冷场冷掉你们的关系 / 24
开局规则，巧妙设计开场白 / 26
谈话中的修身正心 / 28
谈话结束时你该做什么 / 30

第三章　善于倾听，破解对方心灵密码 / 33

聆听效应，构建沟通意义 / 34
放低心态，才能听到真话 / 36
倾听是一种尊重和理解 / 38

听话要听全，兼顾各方观点 / 40
话里有话，猜透对方心理 / 42
心理引导，必要时可以插插话 / 45

第四章　攻心为上，掌握全局不慌张 / 47

对症下药，沟通准备要充分 / 48
投其所好，谈话游刃有余 / 50
以理服人，不要信口开河 / 52
动之以情，深入人心 / 54
同情心理：从对方的角度想问题 / 56
正话反说，解除心理防范 / 58
顺水推舟，击溃对方心理防线 / 61

第五章　心理定位法，更快锁定对方心理 / 63

超限效应：感受一语千金的力量 / 64
把多余的话去掉不说 / 66
口才训练法，开口给他人力量 / 68
莫失言，透过现象看人心 / 71
沉默也是一种语言 / 74

第六章　正向人格激励，胜过千言万语 / 77

赞美心理，人人中招 / 78
抓住心理，让对方人品闪光 / 81
不落俗套的赞美使人愉悦 / 84
赞美要懂得恰如其分 / 86
心理学中的赞美陷阱 / 89
批评心理：换个方式谈不满 / 93

第七章　减轻心理压力，轻松沟通幽默说 / 97

幽默是人际沟通中的润滑剂 / 98
保持你的幽默感 / 101
巧用幽默表达不满 / 104
营造轻松的谈话氛围 / 108
开玩笑也要有分寸 / 110
幽默来源于生活 / 113
巧对尴尬沟通逆境 / 115

第八章　打好心理牌，学会为他人着想 / 119

把握说话的最佳时机 / 120
说话顾忌场合没亏吃 / 123
调整自己的沟通方式适应对方 / 127
守得住秘密，藏得住恶语 / 131
把难说的话说得好听 / 134
不要把话说绝，留有余地 / 137

第九章　突破被动心理，一招学会肢体语言 / 141

肢体语言的一招一式 / 142
精神意识的外在形式 / 144
微笑是最美的语言 / 147
好的表情会说话 / 150
眼神是沟通的窗 / 153
霍尔空间亲密关系论 / 156
手势，塑造良好形象 / 159

第十章　细节“心理学”，轻松提升沟通效率 / 163

名字中的心理哲学 / 164

语气反映人的情绪 / 166
表达方式中的小细节 / 170
十个细节帮你赢得人缘 / 174
十个过失让你前功尽弃 / 179

第一章
会说话懂心理，迈出成功第一步

说话，是一种可以训练的技能。它取决于你的思维表达方式，更取决于你是否能抓住听者的心理。掌握说话心理学，迈出成功第一步。

说话操纵术

拿破仑作为一名伟大的军事家，其激励士兵的口才也极为出色。有一次，一名士兵骑的战马在进攻时被打死了，拿破仑将自己胯下的名贵宝马让给士兵。

士兵很惊恐："不，不，这是您的马，一匹非常高贵的马，我不能……"

"骑上它，继续冲锋！"拿破仑大声呵斥："记住，任何一匹高贵的马，给法兰西士兵骑都是它至高的荣誉！"

士兵听了，骑上马如旋风般地冲向敌阵。

这是拿破仑正面的激励。他还善于从负面着手，用激将法鼓舞士气。

当欧洲反法同盟来势汹汹地进攻法兰西时，拿破仑的军队迅速展开一场激烈的防御战。拿破仑手下两个屡建奇功的军团由于防御任务过于艰巨，被反法军队打得落花流水，四处逃窜。这两个军团士气陷入了低谷之中，纷纷后退求生。

拿破仑来了，他背着双手走过溃军，沉默不语。良久，他怒声传令："集合！全体士兵统统集合！"

士兵们垂头丧气地聚拢着，忐忑不安地等待拿破仑的裁决。

拿破仑双手抱胸，在队伍面前踱来踱去，步子越来越急促，皮鞋叩打着地面的声音越来越响，震得残兵败将们心惊肉跳。他们偷偷觑视统帅，烦躁不安地等待训斥。拿破仑终于满怀悲愤地开始演讲：

"你们不应该动摇信心！你们不应该随随便便丢掉自己的阵地！你们应该知道，夺回那些阵地是多么的不容易，要付出多大的代价！"

看着士兵们惭愧地低下了头，拿破仑猛然回头命令道："参谋长阁下，请你在这两个军团的旗子上写下这样一句话：我们不再属于法兰西军了。”

这下，全场一片哗然。把祖国的利益和自己的荣誉看得至高无上的士兵们，自然明白这句话的分量。他们羞愧难当，甚至有人下跪嚎哭道：“统帅，您再给我们一次机会吧！我们要立功赎罪，我们要雪耻啊！”

拿破仑见状，相信他的军队能以自己的英勇行为洗刷上一次的耻辱，不禁神采飞扬，当众振臂高呼：“对！早该这样了。这才是好士兵，才像拿破仑手下的勇士；这才是战无不胜的英雄！”

后来，面对反法同盟的疯狂进攻，恶战一场接着一场。可是，这两个军团异常骁勇，战斗力极强，几乎是攻无不克，战无不胜，多次重创敌军，建立了赫赫功勋。

兵败如山倒，军心也如山倒。面对一群残兵败将，拿破仑没有责骂、威胁，没有动用督战队，深谙心理学的他用区区几句话，就突破将士的心防，把他们的情绪煽动到了极点。让他们哭着喊着重新投入战斗，要用鲜血来捍卫自己的荣誉。

这哪里是充斥着硝烟的战场，分明是心理较量的战场。

拉近彼此距离

有个人请客办事，看到约定的时间过了，还有一大半的客人没来。主人心里很焦急，便说："怎么搞的，该来的人还不来？"一些敏感的客人听到了，心想："该来的没来，那我们是不该来的喽？"于是悄悄地走了。主人一看走掉好几位客人，心里愈发着急了，便说："怎么这些不该走的人，反倒走了呢！"剩下的客人一听，又想："走了的是不该走的，那我们这些没走的倒是该走的了！"于是也都走了。

最后只剩下一位跟主人关系较亲密的朋友，看到这种尴尬的场面，就劝他说："你说话前应该先考虑一下，否则说错了，就没法收回来了。"主人大喊冤枉，急忙解释说："我说的不是他们啊！"这个朋友听了，大为光火，说："不是叫他们走，那就是叫我走了！"说完，头也不回地离开了。

中国古代就有"一言能兴邦，一言能丧国""一人之辩重九鼎之宝，三寸之舌强于百万之师"这样的名言，由此可见说话的重要作用。现代社会竞争激烈，说话的能力已经成为人才竞争的重要素质之一，它是人们取得成功的基石，是我们迈向成功的第一步。

在工作中，说话可以使同事之间增加了解，缩短彼此之间的距离，提高工作效率。遇到问题时，员工通过相互之间的沟通，可以达到集思广益的效果，充分发挥自己的主观能动性，为企业发展赢得强大的动力。

在生活中，人与人之间通过沟通可以建立相互信任、相互尊重的人际关系，这利于我们为成功奠定坚实的基础。

古往今来，那些杰出的人大多是善于沟通的人。他们往往善于运用沟通的手段来为自己赢得更大的发展空间，从而使自己拥有更多成功的筹码。一个人要想取得成功，只靠专业能力显然是不够的，离开沟通这个有效途径，成功是无从谈起的。人生的成败除了专业技能，还取决于沟通能力。只有进行卓有成效的沟通，才能获得成功的资本。日常生活中，我们常常发现一些学识渊博、工作出色的人往往得不到领导的赏识，这在很大程度上源于他们不懂沟通。在能力相当的情况下，一个沟通能力强的人自然会获得更多的机会。

相传，有一对父子冬天在镇上卖便壶（俗称“夜壶”）。父亲在南街卖，儿子在北街卖。不一会儿，儿子的地摊前有了看货的人，其中一个人看了一会儿，说道：“这便壶大了些。”那儿子马上接过话茬：“大了好啊！装的尿多。”人们听了，觉得很不顺耳，便扭头离去。在南街的父亲也遇到了顾客说便壶大的情况。当听到一个老人自言自语说“这便壶大了些”后，父亲马上笑着轻声地接了一句：“大是大了些，可您想想，冬天夜长啊！”老人听后会意地点了点头，继而掏钱买走了便壶。

父子两人在一个镇上做同一种生意，结果迥异，原因就在于会不会人际沟通上。我们不能说当儿子的话说得不对，确实，便壶大装的尿多，他是实话实说。但他的话说得太直接，粗俗得难以入耳，令人听了很不舒服。本来，买便壶不俗不丑，但毕竟还有些私密的因素在内。人们可以拿着脸盆、扁担等大大方方地在街上走，但若拎个便壶走在街上，就多少有些不自在了。此时，儿子直白的大实话会使买者感到别扭。而父亲则算得上是一个高明的销售商。他先赞同顾客的话（“大是大了些”），以认同的态度拉近与顾客的距离，然后，又以委婉的话语说“冬天夜长啊”，这句看似离题的话说得实在是好。它无丝毫强卖之嫌，却又富于启示性。其潜台词是：冬天天冷夜长，夜解次数多且又怕冷不愿意下床是自然的，大便壶正好派上用场。这设身处地的提醒，顾客不难明白。卖者说得在理，顾客买下来也就是很自然的了。

儿子一句话砸了生意，父亲一句话盘活了生意。不论在什么场合，你讲的话都会被听者记在心里，一定要谨记慎重说话。

该说的话大方说

有一位叫彼得森的医生，是位热心的棒球迷，经常去看球员们练球。不久，他就和球员们成为好朋友，并被邀请参加一次为球队举行的宴会。

在侍者送上咖啡与糖果之后，有几位著名的宾客被请上台说几句话。突然之间，在事先没有通知的情况下，宴会主持人突然宣布说："今晚有一位医学界的朋友在座，我特别请彼得森大夫上来向我们谈谈棒球队员的健康问题。"

作为一位从医 30 余年，具有丰富卫生保健知识的人，按说应对这类问题是小菜一碟。他可以坐在椅子里向两旁的人侃侃谈论这个问题一整晚。但是，要他当众即使面对很少的人讲这个问题，那就是另一回事了。他心跳加速，不知所措，每一沉思，心脏就似乎要停止跳动。他一生中从未作过演讲，而他脑海中的记忆，现在全飞到爪哇国去了。

结果呢？宴会上的人全在鼓掌，大家都望着他，他摇摇头，表示谢绝。但他这样做反而引来了更热烈的掌声，纷纷要求他上台演讲。"彼得森大夫！请讲！请讲！"的呼声愈来愈大，也更坚决。

他内心非常矛盾，他知道，如果他站起来演讲一定会失败，他将无法讲出完整的五六个句子。因此，他站起身来，一句话也没说，转身背对着他的朋友们，默默地走了出去，深感难堪，更觉得是莫大的耻辱。

他不愿再度陷入脸红及哑口无言的困境了，他开始进行当众讲话训练。他有极为迫切的需要。他希望拥有演讲的能力，他锲而不舍地练习自己当众讲话的能力和信心。

通过努力练习，彼得森的进步突飞猛进，他紧张的情绪消失了，信心愈来愈强。两个月后，他甚至开始接受邀请，前往各地演讲。他现在很喜欢演讲的感觉及那份成就感，以及所获得的荣誉，更喜欢从演讲中结交到更多的朋友。

说话羞怯的人通常认为别人很勇敢，怯场的只有自己。因此，他们总是责备自己："为什么只有我是这样的呢？"其实，说话怯场的人非常多，怯场并非某个人特有的"专利"，只不过别人怯场的状态，你没有在意罢了。

由此可见，一个人与另一个人交谈时心生羞怯，也是正常现象，并不是缺陷。在大庭广众之下自然、流畅地说话，对每个人来说都是一种挑战；对于那些生性羞怯、不善言辞的人来说更是天大的困难。

那些口若悬河的人，是人人羡慕的。其实，想达到这样的水平并不是不可能的，敢于当众说话，是拥有好口才的第一步；而拥有好口才的唯一途径就是不断地练习。

开始说话的时候，你可能很害怕，可是一旦克服了说话的恐惧，获得了说话的能力，你就完全能够畅所欲言了。

我们谈话的场所是很多的，与人共进晚餐、上班时的工作交谈等，无一不是说话的实践活动。平常的说话是轻而易举的，遵循一些简单的规则你就能滔滔不绝了。当众说话的难度可能要大一点，不过也不是"难于登天"，明白了一些道理，也不过小菜一碟。

万事开头难，开始和人沟通时难免会羞怯，但只要你不断地练习，一段时间后，你就会不再羞怯，甚至能够侃侃而谈了。

好口才是练出来的

雅典的狄里斯在西欧被称为“历史性的雄辩家”。据说，他天生声音低沉，且呼吸短促，口齿不清，旁人经常听不清他在说些什么。当时，在狄里斯的祖国雅典，政治纠纷严重，因此，能言善辩的人格外引人注目，备受重视。尽管狄里斯知识渊博、思想深邃，十分擅长分析事理，能预见时代潮流和历史发展趋势，但是，他认为自己缺乏说话技巧，容易被时代所淘汰。

于是，他作了一番周密细致的思考，准备好了精彩的演讲内容，第一次走上了演讲台。不幸的是，他遭到了惨重的失败，原因就在于他声音低沉、肺活量不足、口齿不清，以至于听众无法听清楚他所言何事、何物。但是，狄里斯并不灰心，他反而比过去更努力地训练自己的说话能力。他每天跑到海边去，对着浪花拍击的岩石放声呐喊；回到家中，又对着镜子观察自己说话的口型，做发声练习，坚持不懈。狄里斯如此努力了好几年。终于，功夫不负有心人，当他再度上台演说时，博得了众人的喝彩与热烈的掌声，一举成名。

在与人交流的过程中，你要想取得良好的沟通效果，那就需要具备一定的口才。口才指的是一个人说话的才能，它可以反映出一个人的思想、性格、气质等。口才在如今已经成为一种财富，拥有好口才，从小的方面说可以使自己和身边的人身心愉快。从大的方面说可以助自己的事业蒸蒸日上。口才不仅可以让人们在沟通的过程中更好地展现自身的才能和价值，而且还可以帮助人们取得事业的成功。著名的演讲学教授邵守义曾说过这样一句话：“是人才未必有口才，有口才必定是人才。”由此可见口才的重要性。有口才的人说话具有“言之有物、言之有序、言之有理、言之有情”等特征。

没有人天生就口才好，天生就能言善辩，即使是令人钦佩的名嘴或演说家，也不是在任何场合说话都能赢得满堂彩。说话和其他的才能一样，要日积月累，而不是一步登天。口才好的人也是在一次又一次的经验中，借着观察听众逐渐掌握技巧，不断提升自己的说话能力。说话是为了让他人能了解自己，借谈话来取得互信和互谅。如果你认为对方无法了解你的意思，就不去花时间和心力和他交谈，那只能表示你并不了解说话的功能。

好口才是练出来的。那具体该怎么做呢？可以从以下几个方面加以注意：1. 朗诵与模仿；2. 勤奋刻苦；3. 掌握恰当的方法。

总之，无论你是在公众场合演讲还是与人聊天，或者参加谈判，口才都是取胜的法宝。只要你掌握了以上这几种方法，练就非凡口才就不再是一件困难之事。只有刻苦勤奋、坚持不懈地努力训练，才会获得令人惊奇和瞩目的口才。

检测你的健康沟通状况

我们的祖先不大重视甚至不大喜欢“能说会道”的人，那些很健谈的人，常常被冠以“夸夸其谈”的帽子。如果一个人被公认为“夸夸其谈”，那就不怎么讨人喜欢；如果被公认为善于为自己辩护，那就没有多少人愿与之交往。相反，如果一个人沉默寡言，不苟言笑，这个人往往会受到赞赏。这个传统的评价标准，依然在今天的青年身上打下了深深的烙印。常有人这样说：“我这个人，笨嘴笨舌，不会说话。”似乎这并不是什么缺点。显然，这是相当陈旧的一种见解。

现代社会更需要那种机敏灵活、能言善辩的人。羞怯拘谨、笨嘴笨舌的人，在现代社会是非常吃亏的。有些人知识丰富，却因为缺乏“嘴巴上的功夫”，而不受欢迎；有些人专业水平很高，工作很出色，表达能力却很差，言谈拘谨慌张，语言逻辑混乱，一讲话就语无伦次，虽有丰富的经验和独到的见解，却不能让人听明白，“茶壶里煮饺子——倒不出来”。

如果你有决心提升自己的沟通能力，那么请先回想一下自己在日常生活中与人交际的经验，然后对自己进行一项测试。

怎么做测试呢？很简单，请如实地回答下列这55个（9类）问题，然后根据得分为自己做一个评估。

评分方式为：

绝无此事=1分

偶尔为之=2分

通常如此=3分

大都如此=4分

绝无例外=5分

请依照这套标准记下你在每个问题的得分，然后予以统计；在测验结束之后将可看到一张对照表，让你明白自己究竟是公关专家，还是独行侠。

1. 心理建设

（1）我很清楚人生的意义以及毕生所勠力以赴的目标。

（2）我能列举出截至目前的五件重大成就。

（3）我很明白自己有哪些专长和资源正是他人所迫切需要的。

（4）我已在心灵上做了充分的自我调适，挥别跑单帮的日子。

（5）如果要加入人际关系这条网络，我晓得自己确实有几把刷子。

（6）我平日会拟定短期与长期奋斗目标，并定期予以审视与修改以符合现状。

（7）我可以列出一张“网络图”，显现出我在这项资源上的多样化与触角纵深。

2. 在建立人际关系时，需以谦恭君子自诩

（1）我有本事以一种并不专业化的方式来做自我介绍。

（2）在做自我介绍时，我的措辞总是简洁得体、不卑不亢，且能引发对方的好奇心。

（3）我与众人相处时非但没有不自在的感觉，而且还能技巧性地打开话匣子。

（4）如果在公众场合中发现与对方似曾相识，我会主动再做一次自我介绍。

（5）当对方在做自我介绍（或经别人介绍）时，我一定会牢牢记住其大名与长相。

（6）倘若为了广结善缘而需在某个社交场合做东，那正是我的拿手好戏。

（7）为了替自己的事业扩展出路、打知名度，我会很乐于站出来。

（8）在与每个人打交道时，无论其社会地位如何，我总是待之以礼。

3. 处理名片的艺术

（1）我的名片是经过精心设计的，能清楚显示我的工作性质。

（2）无论在何时何地，我都会携带数量充足的名片。

（3）在情况合宜时，我才会递上名片。

（4）我在每一张所收到的名片上都会记载日期以及相关事项，便于日后整理与查核。

4. 以感恩的心来灌溉人际关系这棵常青树

（1）我每天都会向他人说好几次“谢谢”，也会有好几个人跟我道谢。

（2）只要是能给予我激励或启发，我都会诚挚地向那个人道谢，包括陌生人。

（3）为了避免人际关系之树枯萎，我会不时的以打电话、送小卡片以及送小礼物的方式来向对方表达感激之意。

（4）我有专用的信笺、卡片与便条纸。

（5）倘若有人善意地伸出援手或向我致谢，我将欣然接受。

5. 如何让自己成为他人求助的对象

（1）我已建立起一套既系统又管用的人际关系网，能够随时派上用场。

（2）我所收集的名片都经过系统化的整理，而且定期去更新资料。

（3）由于时间资源极为宝贵，因此我有一套相当有效的管理系统来监控之。

（4）我每天都会详细检视当日的工作进度表，逐一核对施行的状况。

（5）我的原则是先解决眼前的问题，而不是尽量扔到工作记事簿上，能拖则拖。

（6）所有的来电，我都会在24小时之内回复。

（7）在拿起话筒之前，我会先思索一下待会要讲些什么。

（8）倘若对方所提出的邀请（会见某人或是参加某项社会活动等）将会消耗可观的时间与精力，我会予以婉拒。

（9）在参加每一项社交活动前，我都会妥善衡量，以期能把握每一个扩展人际关系与事业的良机。

6. 如何开口求助

（1）只要有需要，我会主动寻求他人的救援。

（2）在开口时，我都会简单明了地陈述要求，而且不会展现一副咄咄逼人的姿态。

（3）在与朋友的交谈中，我常会冒出这句：“对了，你认识的人当中，有哪个人……”

（4）对于别人所提出的建议，我有雅量去虚心接纳，即知即行。

（5）每次和朋友交谈后，我都有种受益匪浅的感觉。

7. 如何脱颖而出

（1）我有参与若干同行、职业性社团或其他民间社团。

（2）我目前至少在一个上述的机构内担任干部或顾问的职位。

（3）我经常会受人所托，必须利用我的人际关系网来处理这些请托事务。

（4）“举头三尺有神明，抬头三尺有人际关系。”我会勤于把握每一个机会，让走近我身旁的人都“中计”，坠入我的人际关系网内。

（5）我会经常评估自己的人际关系网，不断予以扩展。

8. 如何让别人来亲近你

（1）我对自己的直觉深信不疑。

（2）对于在人际关系网上的每个盟友，我都会倾尽全力助他们飞黄腾达。

（3）我能提供给朋友们一流的服务。

（4）朋友们都喜欢向我倾诉他们的心声。

（5）君子爱财，取之有道。无论我是本着何种目的去和别人打交道，他们都不难感受到我的那股高尚节操与专业涵养。

（6）我能以开阔的胸襟去面对每个“结缘”的机会。

9. 如何让人际关系成为你生命中的一部分

（1）我是公认的人际关系高手，拥有一套千锤百炼的庞大“情报网”。

（2）我的人际关系网不仅造就了我自己，也惠及了我的朋友，而且影响力相当深远，波及生活面与事业面。

（3）我时时刻刻都会顾及这张人际关系网，悉心去照料它、灌溉它。

（4）一提到“良好的人际关系”，朋友就不禁要拿我当宣传品。

（5）对我而言，这个世界还真是挺小的，只需一片人际关系网就可以“一网打尽”。

（6）毫无疑问的，人际关系已深深影响到我的人生观与生活形态。

评估方式：先把总分算出来，然后睁大眼睛看清楚……

275-237：人际沟通至尊

236-200：人际沟通高手

199-164：人际沟通老手

163-128：人际关系菜鸟

127-92：胆小如鼠

91-55：跑单帮的

真的猛士，敢于直面惨淡的人生，敢于正视淋漓的鲜血。现在，我们也要正视自己的人际沟通能力，倘若测试结果不甚理想，你应该感到庆幸——发现自己的症结，然后依照书中的指示来改正。

第二章
善用心理学，一句话定成败

通常，当人们第一次见面时，为了让对方了解自己，人们总是倾向于以一种与当前的社会情境或人际背景相吻合的形象来展示自己，以确保他人对自己做出好的评价，这有助于我们在与人初次见面的短短几分钟内树立良好的形象。善用心理学，在与人初次见面时，一句话定成败。

首因效应：赢在讲话第一句

一个新闻系的毕业生正急于寻找工作。一天，他到某报社对总编说："你们需要一个编辑吗?""不需要!""那么记者呢?""不需要!""那么排字工人、校对呢?""不，我们现在什么空缺也没有了。""那么，你们一定需要这个东西。"说着他从公文包中拿出一块精致的小牌子，上面写着"额满，暂不雇用"。总编看了看牌子，微笑着点了点头，说："如果你愿意，可以到我们广告部工作。"这个大学生通过自己制作的牌子表达了自己的机智和乐观，给总编留下了美好的"第一印象"，引起其极大的兴趣，从而为自己赢得了一份满意的工作。

这种"第一印象"的微妙作用，在心理学上称为首因效应。首因效应，是指在初次与人交往时，人们常常不自觉地根据自己的直觉来定位所交往的对象，并以此来判断交往对象的性格、人品等，并且在头脑中形成并占据着主导地位的效应。首因效应也叫首次效应、优先效应或第一印象效应。

首因效应最早由美国社会心理学家提出。概念来源于一个关于印象形成的实验：让被试者看写有六个形容词的牌子，内容是一样的，只不过顺序是相反的。第一张卡片上描写了：勤奋的、聪明的、冲动的、嫉妒的、爱批评的、顽固的。第二张卡片上是：顽固的、爱批评的、嫉妒的、冲动的、聪明的、勤奋的。实验之后，两种方式测试出来的结果截然不同，大家都愿意和第一张卡片上描绘的人交朋友，因为被测试者觉得这样的人更善于交际、更幽默，心情更愉快。

另一位心理学家也曾做过同样的实验：他让两个人完成一组类似的任务，在同样的条件下，甲在开始的几个项目上完成得很成功，然后作业成绩持续下降。乙则在开始的几个项目上完成得糟糕，但后来作业成绩稳定上升。甲和乙都答对了30个测试项目中的15个。然后琼斯找到一些人来预测甲和乙谁在接下来的表现会更出色，结果大家在观察了甲和乙的作业成绩后，他们都预测下一个阶段甲会做得比乙好，他们觉得甲很聪明，因为他在开头的业绩中表现得很好。

无独有偶，林肯也曾因为相貌偏见拒绝了朋友推荐的一位才识过人的阁员。当朋友愤怒地责怪林肯以貌取人，说任何人都无法为自己的天生面孔负责时，林肯说："一个人过了四十岁，就应该为自己的面孔负责。"虽然林肯以貌取人也有其可圈可点之处，我们却不能忽视第一印象的巨大影响作用，因而必须通过提高自身修养来整饰自己的形象，为将来的成功奠定基础，搭好台阶。

由此可见，在人际沟通和交往的过程中，第一印象对人际沟通和交往的成败起着关键性的作用。与一个人初次会面45秒钟内就能产生第一印象，而且这种先入为主给人带来的第一印象是鲜明的、强烈的、过目难忘的。那如何给人留下一个良好的第一印象呢？我们可以从现实生活的交往中进行讨论。

如何给对方留下良好的第一印象，是一个人综合素质的体现，它主要包括：一个人的心态、外部形象、言行举止等。

一个人的心态决定着一个人的成败，在人际沟通和交往过程中，也同样如此。每个人都喜欢和阳光、快乐的人交往，因为他们往往能带给大家欢声笑语，解除心中的郁闷、疲劳，就如同大家都喜欢相声演员一样，他们让我们的生活充满欢乐；同时相信每个人都不愿意和孤僻、自傲的人交往，因为他们忧郁的神情经常让你脸上的微笑消失，和他们在一起你经常会有一种不安或恐惧感，因为他们看到这个世界负面的东西太多，他们对生活充满抱怨，就如同鲁迅笔下的祥林嫂一样，她失去孩子的悲痛，先让人们觉得怜悯后让人们觉得厌恶、因为她看不到以后生活会更加美好。

一个阳光的心态包括：积极向上、对生活充满爱和具有感恩的心。只要心中有爱，世界每天都有阳光，只要你每天都有一张微笑的脸，那么你周围的人就会给你千万个微笑。在人际交往中，对方先看见你微笑的脸，他会愤怒吗？只要我们心中有爱，爱周边的每一个人，那么周边的每一个人都是我们亲密的朋友。

千万要留心你的言行举止，文明礼貌就是它的核心。一个文明有礼的人很容易被别人认可、接受，既可以营造良好的沟通氛围，也可以给别人带来轻松快乐，从而留下良好的第一印象。言行举止的最高标准就是谈吐优雅，优雅的谈吐就像整洁的仪表，会使人觉得十分愉快。如果你能习惯运用高尚文雅的辞令，即使偶尔开个玩笑，说些俏皮话，对方仍旧能够感受到你内在的涵养气质，而乐于与你交谈。相反的，如果你行为举止粗鲁，满口粗话，则会让对方认为和你谈话是件辛苦的事，甚至浪费时间。因此，平日应该练习谈话的技巧和优雅的举止，给对方留下良好的印象。

我们每天都要和各种各样的人打交道，与陌生人初识，第一印象至关重要。初次交往稍有不慎就有可能导致整个交往的失败，甚或对此后的前途产生不良影响，因此要尽量地塑造好第一印象，抓住人生的每个机会。

自我介绍背后的秘密

当我们与不熟悉的人第一次见面时，彼此都有一种要了解对方的愿望，都有一种渴望得到尊重的心理，因此自我介绍随处可见。自我介绍是一种自我推销的口语表达方式，无论是在社交活动中，还是在面试的时候，都经常用到，它是我们在生活和工作中与陌生人打开交流之门的一把钥匙。

必要的自我介绍应该做到两点：第一是体现自己的价值观，即自己的学识、经历以及在参与社会活动中使社会对自己的能力有所评价；第二是得到他人或团体的认知。因此，自我介绍这一程序是使自己融入社会的关键。

自我介绍在社交活动中给人的第一印象会产生微妙的影响。一次漂亮的自我介绍，往往能够成为与人有效沟通的桥梁，我们对一个人的好感、好印象，常常是从时机恰当、大方得体的自我介绍开始的，不管新朋友、新同事还是新客户皆是如此。如果能运用好自我介绍这把钥匙，那么无论是在工作还是在人际交往中，你都能够得心应手；反之，如果自我介绍平淡无奇，不能给别人留下深刻印象，那么你的交往活动也就意义不大。与人交往时，不管你是主动自我介绍，还是经由他人代为介绍，都不应该表现得太冷淡或者太随便，因为让人印象深刻的互相介绍是双方正式谈话最为重要的一步。

自我介绍是一种拉近双方关系的语言艺术，这种艺术需要以真实诚恳、热心礼貌为基础。自我介绍不是简单地自报姓名，从某种意义上讲，自我介绍是一种学问和艺术，它需要掌握许多必要的技巧和尺度。

1. 找准时机

要抓住时机，在适当的场合进行自我介绍。如应试求学时，在交往中与不相识者相处时，有不相识者要求自己做自我介绍时，有求于人而对方对自己不甚了解或一无所知时，旅行途中与他人不期而遇并且有必要与之建立临时接触时，都要进行自我介绍。要在对方有空闲而且情绪较好又有兴趣时进行介绍，这样就不会打扰对方。

在聚会中，主人一般会先做自我介绍，因为他是整个聚会的焦点，有必要让大家先了解一下。其他场合的自我介绍需遵循一个原则：地位低的人应先做介绍，以便让地位高的人了解自己。也就是，相对年轻的人要主动向别人介绍自己，接下来长者再做自我介绍以回应。当然，在实际交往中，若你的地位比较高，但对方不太懂得礼仪，那么先介绍自己也无妨，这样可以避免尴尬。

2. 把“我”说好

自我介绍少不了说“我”，给别人什么样的印象，关键就是看你如何把这个字说好了。有人在自我介绍时每句话都有一个“我”字，听众怎么会不反感呢。有的人说“我”时语气特别重，语音有意拖长，似乎想要通过强调“我”来树立自己的高大形象。更有甚者说“我”时得意扬扬、咄咄逼人、不可一世。这样的人在自我介绍时不过是孤芳自赏罢了，只能让人认为他骄傲自大。

所以，在合适的时候平和地说出“我”字，目光亲切、神态自然，才能让他人感受到一个自信、自立而又自谦的美好形象。

3. 独辟蹊径

通常情况下，自我介绍就报上姓名、工作单位、职业、学历、特长或兴趣爱好等等，像这种千篇一律的自我介绍几乎不能给人留下印象。

因此，要想让别人记住你，自我介绍时就要与众不同，以独特的方式去介绍自己。在自我介绍时，尽量选择使对方感到有意义、又觉得自然而然的内容，采用生动活泼的语言把自己“推销”给别人。

4. 详略得当

在一些特定情况下，自我介绍的内容需要全面、详尽，不仅要把姓名、身份、目的、要求讲清楚，还要介绍自己的经历、学历、性格、专长以及兴趣爱好。为了取得对方的信任，有时候应讲一些具体事例。比如，求职应聘时，就要做到这些。

5. 巧妙注释

“自报家门”是自我介绍不可或缺的部分，为了让对方准确听清自己的名字，往往要对“姓”和“名”加以注释，注释得越巧，给人留下的印象就越深刻。对姓名的注释不仅可以反映一个人的知识水平、性格修养，而且能够反映一个人的口才能力。

闲聊效应，教你几分钟熟络起来

闲聊，是我们社交中最为常见的一件事了。最常见的事，往往最容易被忽略。有些人认为，人是因为无聊，所以闲聊，闲聊没什么讲究，想什么就说什么，说到哪就到哪。怀有这种心态的人，很容易把闲聊变成无聊。其实，社交性质的活动，多半都是从“闲聊”开始的。

人们在闲聊这件事上最容易犯的错误，就是一见面就从对方所从事的工作谈起。我们总以为，和医生谈开刀、和运动员谈打球、和商人谈生意经是“天经地义”的事。殊不知，他们一年到头做同样的事情，已经够烦的了，如果你在业余时间或休闲时间还谈及这类事情，很可能会让对方心烦意乱。美国前任总统肯尼迪最讨厌和别人谈政治，可是偏偏许多人都找他谈政治，还自以为此举可以讨好他。

那么，到底应该谈哪些事情呢？最好的办法，就是经常阅读报纸和一般性的杂志，以增加各方面的常识。不然，除了“你好吗？”“今天天气不错啊！”之外，接下来你就不知道要聊些什么了。

闲聊中不要当无“聊”分子，无“聊”分子在交际中不受欢迎。而那些口才高手则善于打破沉默、谈笑风生，能带动会场气氛的人，走到哪里都会受到大家的欢迎。这种人不会让场面尴尬与沉默，他们懂得适时转变话题，让大家都有台阶下。

在一些工作应酬的场合下，也可使用闲聊来结识陌生人，从而扩大自己的人际圈。但是在不同的场合闲聊必须掌握分寸。

闲聊时，要尽量避免与对方进行私人话题的讨论，避免与对方建立过密的个人关系，以免最终丧失了独立性。另外，在任何场合下闲聊时，不要事事非问明白，问话适可而止，这样他人才会乐意与你闲聊。

经常与他人闲聊，可以消除他人的戒备心理，使对方感到你平易近人，能较好地进行沟通。无论你想搭讪陌生人，或者初次见面出现冷场，还是你只想打发时间，都可以闲聊的方式开始。

闲聊是你与陌生人拉近距离、结交朋友的好方法。通过闲聊，两个萍水相逢的陌生人很快就能成为朋友，甚至变成一生的知己。

莫让冷场冷掉你们的关系

在与人谈话时，难免会遇到冷场的情况，与陌生人第一次见面更容易陷入尴尬的局面。如谈至某一时段或某一话题时，双方突然都静了下来，话题进行不下去了，这种冷场有时候是因为一方对另一方说的内容根本不感兴趣，有时候是因为一方说的意思和对方的理解有偏差。冷场的尴尬会让人觉得不自在，也会冷却彼此之间的好感，从而破坏了双方的第一印象。

一男士向人际专家请教，他和女朋友感情很好，但是因为最近分开在两地，只能打电话联系，但是每次打电话总是冷场。两边都保持静默是一种很不好的感觉。他们的感情挺好，但是这种沉默使彼此之间没有了安全感，好像因为分隔两地感情就淡漠了。

这位朋友拿起电话不知道该说些什么，一个话题说完紧接着就没有了话题。这就出现了冷场。拿起电话聊天就是为了增进彼此之间的感情，如果出现冷场反倒会起到反作用。你可以尝试少指责，多赞美，看对象，找话题。

美国作家莉儿·朗帝说："永远不要不读报纸就出家门。"脑子里没有知识和信息，跟人交谈就难免冷场。所以，多增加知识储备，多了解社会信息动态会为我们提供丰富的谈资，减少冷场。

如果进行第一次交谈时，沟通数语就陷入冷寂或沉默，这时我们要积极选择恰当的话题继续谈话。如果你发现自己没什么话要说的时候，不妨从当天的新闻里找到要聊的内容。比如国际局势或你们所在地区的经济状况，或者是报纸的热门报道，又或者从周围的环境中找到一些要谈论的话题，比如大厅的装潢，房间的装饰，这些都是不错的选择。

当你第一次和陌生人谈话时，心理会比较紧张。这时，你可以试着把对方想象成自己的一个最好的朋友，然后放下心里的不安，用友好和微笑的态度和对方谈话。

有人谈论起一个话题就没完没了，这样难免会冷场。要避免冷场还要记得当某个话题无话可说时，一定要果断地结束这个话题，换一个有趣、积极的话题。但要注意以积极乐观的主题开始，不要一开始就抱怨你的工作、老板或是其他人员，人们一般不愿意听这些。话题可以是你的一次旅行，或是一些有趣的见闻等令人感兴趣的事情。

那么，我们应该如何在特殊场合避免冷场局面的出现呢？

第一，在和对方沟通之前，要搜集对方的相关信息。比如，对方的兴趣爱好、对方的职业等。比如从事编辑的某女士与当老师的某男士第一次约会，女士就可以问男士具体教什么课，一周多少节课，如此便可以避免冷场的尴尬了。

第二，善于察言观色。如果是和陌生人交谈，我们之前就没法掌握他的信息，这种情况下，我们就要察言观色了，特别是刚开始沟通时，可以通过对方的话语来分析他的兴趣爱好，得知他的兴趣爱好后，我们就可以引导他谈论更多的内容，冷场也就不会出现了。

对于谈话中出现的冷场，我们要具体分析，及时寻找合适的话题，掌握谈话的主动权，这样才能促进沟通的顺利进行。

开局规则，巧妙设计开场白

在一些场合，许多人我们从未谋面，初次见面，说话不能问个好就没有回音了，也达不到社交的目的。这时候说话就要懂得开好头，开启适当的话题，才能打开陌生人的局面。

最常用的方式就是攀认式，可以攀亲友、攀老乡等等。生活在社会中，每个人都会有自己的关系网，只要彼此留意，就能够发现双方有着这样或者那样的交叉点，找到了交叉点，就能迅速消除陌生感。

菲律宾前总统科拉松·阿基诺在访问中国时，首先抵达的不是北京，而是沿着有中国血统的菲律宾人当年走过的路线，直奔祖籍福建省龙海市鸿渐村。在那里，她拜访叔叔、祭祀祖宗，与乡亲攀谈。她对乡亲们深情地说："我来中国不仅是为了国事，也是为了个人家事，因为我既是一国首脑，在某种意义上来说又是这个村庄的女儿。"女儿回娘家，娘家自然待以百倍的热情。科拉松·阿基诺的重访故里，为其成功访问北京拉近了感情距离。

攀亲拉故就像是一把钥匙，能打开两个人之间沟通的那扇门。不只现代人如此，就连古人都善于运用这种方法来拉近两个人之间的距离。

赤壁之战中，鲁肃见诸葛亮的开场白是："我，子瑜友也。"子瑜，就是诸葛亮的哥哥诸葛瑾，他是鲁肃的忘年之交。短短的一句话就拉近了鲁肃跟诸葛亮之间的关系。

"你是南开大学室内设计专业毕业的？我也是。你是哪一届的，应该是我师哥吧？"既然是校友，又是同一个专业，陌生感自然就减少了很多。

"你也是杭州人啊，真是老乡见老乡，两眼泪汪汪啊。听到这熟悉的乡音，真让我激动啊！"

这种初次见面互相攀认式的谈话方式，很容易搭起陌生人之间谈话的桥梁，使人在短时间内产生一见如故的感觉，从而给对方留下良好的第一印象。

敬慕式的谈话方法给人一种贴心的感觉。对陌生人的才华、能力表示敬重、仰慕，这是热情有礼的表现。不过要注意掌握分寸，敬慕要恰到好处，不能胡乱吹捧，否则会让对方产生厌恶感。

“您的作品我曾拜读过多次，从中学到了很多东西，可谓受益匪浅！没想到今天竟能在这里见到您，真是荣幸之至啊。”

“‘桂林山水甲天下’，我一直渴望去桂林一饱眼福呢，很高兴能认识您这位桂林的朋友。”

“以前只在电视和杂志上见到过您的美貌，今天能一睹您的芳容，真是明白了何为倾国倾城啊。”

几乎每个人都喜欢别人看到并赞美自己的长处。那么，初次见面交谈时，我们应该投其所好，以直接或间接的方式指出对方的长处并赞扬一番，这样的开场白能使对方高兴，从而对你产生好感，进而激发交谈的积极性。反之，倘若总是有意或无意地触及对方的短处，伤及对方的自尊心，交谈的效果便可想而知了。

被誉为“销售权威”的霍依拉先生有自己独特的交际诀窍：初次交谈一定要扬人之长避人之短。一次，为了拉广告，他前去拜访梅伊百货公司总经理。寒暄之后，霍依拉突然开口问道：“您是在哪儿学会开飞机的？总经理居然能开飞机，可真不简单啊。”话音刚落，总经理兴奋起来，谈兴大发，广告之事当然不在话下，霍依拉还被总经理热情地邀请去乘他的自备飞机呢！

俗话说：“酒逢知己千杯少，话不投机半句多。”有的人相处一辈子却形同陌路，而有的人却一见如故。好的开场白能够使两个萍水相逢的人在短暂的时间内达到心灵上的共鸣，从而把谈话轻松愉快地进行下去。

谈话中的修身正心

魅力是一个人内在气质的表现。谈话中的人格魅力，就是在语言交流中一个人的性格、气质、能力等的个性化表现。在谈话中尽情展现你的魅力，能够赢得听者的依赖与佩服。如果初次见面让对方被你的魅力倾倒，感到意犹未尽，那么他自然就会盼望第二次见面，这就是沟通的最高境界。

那么，如何在初次交谈中展现你的魅力呢？

尊重不仅是一种礼貌，更是一个人的性格体现。一个懂得去尊重别人的人必定会得到信任，从而乐于与你沟通。

据说，有一天苏东坡与老和尚一起打禅。老和尚问苏东坡："你看我打禅像什么？"苏东坡想了一下，并没有回答，同时反问老和尚："那你看我打禅像什么？"老和尚说："你真像是一尊高贵的佛。"苏东坡听了这一番话，心中暗暗地高兴。于是老和尚说："换你说说你看我像什么？"苏东坡心里想气气老和尚，便说："我看你打禅像一堆牛粪。"老和尚听完苏东坡的话淡淡地一笑。苏东坡高兴地回家找家里的小妹谈论起这件事，小妹听完后笑了出来。苏东坡好奇地问："有什么可笑的？"苏小妹斩钉截铁地告诉苏东坡，人家和尚心中有佛，所以看你如佛；而你心中有粪，所以看人如粪。当你骂别人的同时，也是在骂自己。

这个饶有趣味的故事给我们的启示是：从批评者的言行能看出其眼界和见识。所以人的心里想些什么，就会说出什么样的话，这正好反映出一个人待人处事的风范和内涵。而骂人的同时也成为别人讨厌的对象，运用言语骂人的人，必定得不到对方的认同，也会失去别人的信任。一个良好的沟通建立在彼此尊重的基础上，才能达到谈话的成果。

尊重是生活中永不坠落的太阳，是获得友谊的灵丹妙药。在与陌生人谈话时，由于种种原因，难免会遇到他人的误解甚至攻击。此时，如能保持宽容的心态，先从自身找毛病，再从长远考虑问题，待真相大白之时，误解你的人就会向你投去钦佩的目光。

要谈话留有余韵，不需要华丽的言辞，不需要花哨的技巧，而是需要你尽情展现自己的魅力。对于每个人来说，只要你说出的话让人回味无穷，你的魅力就会得以展现，陌生人也会在不知不觉间被你吸引，成为你的朋友。展现你的魅力并不是要你在别人面前故作姿态，或者压抑自己，而是正视自己的不足，扬长避短。这样你才会魅力四射。

谈话结束时你该做什么

在初次见面中，人们普遍重视开头，万事开头难嘛，而对结束谈话，人们往往不以为然。话说完了，说声“再见”不就结束了吗？

其实，结束谈话并非如此简单，我们还得了解“近因效应”。与首因效应相反，近因效应是指当人们识记一系列事物时对末尾部分项目的记忆效果优于中间部分项目的现象。这种现象是由于近因效应的作用。前后信息间隔时间越长，近因效应越明显。原因在于前面的信息在记忆中逐渐模糊，从而使近期信息在短时记忆中更为突出。

相对而言，在人和人交往的初期，也就是在彼此间还比较生疏的阶段，首因效应的影响更重要；而在交往后期，即在彼此之间已较熟悉时期，近因效应的影响则更重要一些。然而，在初次的人际沟通中，近因效应更容易让人记忆持久深刻。因此，在初次见面与人沟通时应当好好表现自己，不但要重视好的开头，更要重视好的结尾，不然再好的开头也无济于事。总之，第一次和陌生人交谈，切忌虎头蛇尾。

有些人天生反应迟缓，一坐下来就没有了时间观念，以至于打扰太久，浪费了主人的宝贵时间。这时有些人会应用上述的方法来下逐客令；有些人脸皮比较薄，有些人则是修养甚佳，不好意思有所表示。不过，心里的焦急，总会在表情上或行动上表现出来，其中比较常见的一种动作就是主人偷偷地看表，这点是最容易让人忽略的一点。

如果你在与人初识的时候，谈话中发现对方瞄了一下钟表，就应该立即做好结束话题的准备，起身告辞，只有这样才会给对方留下一个好印象。不然没完没了地说下去，对方会由不耐烦转为厌恶，那就得不偿失了。

有些人频频看表之后，发现对方依旧没有告辞之意，这时就会直接问对方："现在几点了？"如果对方仍然没受到任何影响，可能会说："啊！已经十点了！"如果这样说对方还不知道，那就是个麻木不仁的家伙，可以毫不客气地对他下逐客令！

如果在见面之初就说好打扰到几点，免得耽误别人的事，这样做也会给对方留下一个好印象。另外，在交谈结束后，也要考虑运用能给对方留下深刻印象的告别语，而不是简单的"再见"二字。

1. 征询式收尾

交谈结束前，你根据自己的"谈话使命"综合"交谈情况"——即目的与交谈后的吻合情况向对方征求意见、说明、要求或建设性的忠告、劝诫等等，这就是征询式收尾。

当你与下属交谈工作结束时，你应说："你还有别的什么要求和意见吗？""你生活上还有困难和要求吗？只要有可能，我们将尽力帮助解决……"听者也应同样征询对方："除了工作之外，你对我还有其他意见和看法吗？如果现在想不起来，日后尽管提，我是不会计较别人对我提意见的方式的……"

在交谈艺术中，征询式的收尾往往给人以谦逊大度、仔细周到和深沉老成的印象。运用征询式的收尾，对方听了无疑有一种心悦诚服、备感亲切、心心相印的感觉，从而取得融洽关系、进展事业的良好效果。

2. 道谢式收尾

道谢式收尾，在交谈艺术中具有较强的礼节性，它的基本特征是用讲"客气话"作为交谈的结束语和告别话。道谢适用的场景和对象是最广泛的，无论是上下级、同事、亲朋还是熟人、邻舍以及初交者之间都是适宜的。

交谈者可用"听君一席话，胜读十年书""你对我学习上的帮助和生活上的关怀，我感激不已"结束。

3. 祝愿式收尾

这种收尾方式的特点是，不仅具有较强的礼节性和情趣性，而且还具有极大的鼓动力，如再加上适当的口语修辞，它的效果无疑会非常显著。如："再见吧，路上保重。祝你一帆风顺！""祝您成功，恭候佳音！"

4. 邀请式收尾

邀请式收尾的基本特征是运用社交手段向对方发出礼节性邀请或正式邀请。前者的效用体现了"客套式"所需的礼仪，后者则表现了友谊的生命力。

如"客套式"邀请："如果您下次路过北京，请到我们家来做客。再见！"

如正式邀请："今天我们就说到这里吧，后天下午 5 点钟请你到我们家吃顿便饭，那时我们再长谈吧。再见！"

上述这两种邀请式收尾语，在社会交际中都是必不可少的。"客套式"邀请也是一种礼节，正式邀请更是一种友好和友谊的表示。运用这种结束语，无疑是符合社交礼仪的。

第三章
善于倾听，破解对方心灵密码

一位心理学家曾说过，人跟人在讲话时，表面上是你一句我一句，好像一个在说，一个在听，但真相是你在讲时我却没有在听。听，有时候比说更重要。善于倾听，才能准确地把握对方的意图，知道对方想要传达的信息和最终要达到的目的。只有善于倾听，才能破解对方的心灵密码。

聆听效应，构建沟通意义

被誉为当今世界上最伟大的推销员的乔·吉拉德在回忆往事时，提到他在一次推销中遇到的事。当时，他与客户谈得十分顺利，看形势马上就可以签约了，可就在这时，对方却突然改了主意——就这样，煮熟的鸭子又飞了。

当天晚上，按照客户留下的地址，乔·吉拉德找上门去请教客户改主意的原因。客户见他很诚恳，就如实相告："你的失败是由于你没有自始至终认真地听我讲话。就在我准备签约的时候，我提到了我的儿子就要上大学了，而且还提到他喜爱运动以及他的理想。我是以他为荣的，但是你当时却没有做出任何反应，还在用手机和别人通电话，这就是我改变主意的原因。"

这番话重重地提醒了乔·吉拉德，使他领悟到倾听的重要性，同时也使他认识到，如果不能自始至终地倾听对方讲话的内容，认同对方的心理感受，那么就会失去沟通的意义。

很多时候，一提起沟通，我们的第一反应就是说什么或者如何说服对方，其实沟通的基础是听，只有听清、听懂对方所讲的话，才能真正理解对方的意思；只有充分地理解了对方，才能获得对方的理解。有一句俗话叫"理解万岁"，那什么才是真正的"理解"？普遍意义上的理解是指主体对理解对象的客观理解，但更进一步说，应该将理解视为主体与对象双向互动的交流。这就意味着理解不再是一种主体针对对象单方面的投射，而是一种广泛意义上的对话。而成功对话的前提就是相互"倾听"。"倾听"本身含有某种归属感，也就是归属于所听到的东西；而对所听到的东西的理解，已经包含着某种意义上的赞同。

学会如何去倾听，你甚至能从谈吐笨拙的人那里得到收益。有这样的一位经理，他被一家大公司聘用担任销售经理。但是，他对公司的推销业务和具体的推销品牌却一窍不通。当销售人员到他那里去汇报工作并征求意见时，他什么答复都无法提供，因为他一无所知！然而，这个人却是一个懂得如何倾听的高手。当手下的推销人员向他征求意见和建议时，他都会回答说："你自己认为你应该怎么做呢？"那些人就会说出他们的想法和解决方案，他接着说同意，然后他们就满意地离去了。

许多成功的企业家，他们都拥有"出色的讨价还价者"的美称，他们的诀窍就是鼓励别人多说，同时设法闭住自己的嘴。弗洛伊德说过，如果你能使别人谈得足够多，他就无法掩饰真实的情感或真正的动机。如果你十分注意地听，并对对方说的一切话中所隐含的意思保持警觉的话，你就能把握住对方的秘密。同样，如果你不想让别人知道自己的真实思想，如果你不想"显示出你的优势"，那么最好守口如瓶。

倾听是一种礼貌，是一种尊敬讲话者的表现，是对讲话者的一种高度的赞美，更是对讲话者最好的恭维。倾听能使对方喜欢你，信赖你。倾听是一种美德，它是一种虚怀若谷的表现。他们的意见，你不见得个个都赞同，但有些看法和心得，一定是你不曾想过、考虑过的。广纳意见，将有助于你迈向成功之路。

倾听，是对说话者的一种无声的赞美和恭维；倾听，可以找到一条通往说话者的心灵之路；倾听，可以使人际沟通更有效更和谐。

放低心态，才能听到真话

玛丽·凯·阿什是玛丽·凯化妆品公司的创始人，也是美国最成功的企业界人士之一。如今，她的公司已拥有 20 万员工，但她仍要求管理人员记住倾听是最优先的事，而且每个员工都可以直接向她陈述困难。她也专门抽出时间来聆听下属的讲述，并进行仔细的记录。她对员工的意见和建议十分重视，会在规定的时间内给予答复。这样做的好处就是沟通了自己与员工之间的感情，倾诉者要求被重视的自尊心得到了满足。在很多情况下，倾诉者的目的就是要“一吐为快”，或许他们并没有更多的要求。日、英、美等国一些知名企业的管理人员常常在工作之余与下属一起喝咖啡，就是让下属有一个倾诉的机会。

在畅销书《亚科卡传》中，亚科卡先生也曾对管理者的倾听有过精辟的论述：“我只盼望能找到一所能够教导人们怎样听别人讲话的学院。毕竟，一位优秀的管理人员需要听到的至少与他所需要说的一样多，许多人不能理解沟通是双方面的。”他认为管理者必须鼓励人们积极贡献，使他们发挥最大干劲。虽然你不可能接受每一项建议，但你必须对每一项建议做出反应，否则，你将听不到任何好的想法。

放低姿态去倾听，能及时发现他人的长处，并创造条件让其积极性得以发挥作用。而且倾听本身也是一种鼓励方式，能提高对方的自信心和自尊心，加深彼此的感情，激发了对方的工作热情与责任感。古人云：“君子和而不同。”对于同一件事，不同的人会有不同的看法，但只要大家目标一致，相融相济，去伪存真，求同存异，就能够达到内部的和谐，最终对事物做出科学判断和正确决策；相反，如果在任何事情上都搞长官意志，不愿听不同意见，大家不敢讲真话，以口头的意见一致掩盖矛盾，这样难免要出问题。

音乐家傅聪曾讲过一个关于他朋友鲁普的故事：因为鲁普已经

是“大师”了，所以没有人敢跟他说什么。就像鲁普弹的一首乐曲，最后一个音符总是错的，因为那个音符他看错了，可是这一辈子都没有人敢告诉他。这顶“大师”的桂冠，像一座严严实实的围城，将“大师”与崇敬、爱戴他的人们毫不留情地隔离开来，令其咫尺天涯、天各一方，让“大师”再也听不到真话，委实可悲。

“大师”何以听不到真话？怕是消极的“权威效应”在作祟。因为“大师”本身就是权威的象征。在世俗的眼光里，“大师”听不到真话，成了孤家寡人，不啻是个人的悲哀，亦是艺术的悲哀。艺术之林，若失去了真话的土壤，真情、活力、灵感、创新、进步便荡然无存，艺术之林也必枯竭而亡。

懂得放低姿态去倾听的人最有可能做对事情、取得下属的忠诚和信赖，并且能够把握别人错过的机会。倾听对传奇人物约翰·洛克菲勒非常管用，有一次他说：“我们的政策一直都是：发自内心地倾听和开诚布公地讨论，直到最后一点证据都摊在桌上才尝试达成结论。”洛克菲勒以谨慎著称，而且似乎经常很慢做决定，他拒绝仓促下决定。他的座右铭是“让别人说吧”。

美国第十六任总统亚伯拉罕·林肯出生于肯塔基州的贫苦农民家庭，先后当过伐木工、船工、店员、邮递员。这些经历使林肯对普通人民群众寄予了深厚的感情，他喜欢经常走出办公室到民众中去。而他在白宫的办公室，门也总是开着的，任何人想进来谈谈都受欢迎，林肯不管多忙都会接见来访者。

林肯洗耳倾听民意，缩短了他与人民的距离，加深了彼此的感情，激发了人民参与国事的主动性和积极性。

要想听到真话，我们首先要放低姿态，甘做学生。居高临下，板起面孔，“张飞卖瓜”式地征求意见，肯定听不到真话。到群众中去，要多一点洗耳恭听，少一点滔滔不绝。

无论你是公司的领导，或是政府官员，或是学校老师，甚至是某领域的大师，如果想要听到他人的真话，请放低姿态，细心倾听。

倾听是一种尊重和理解

一个美国男人乘飞机回家过圣诞节，途中遭遇猛烈的暴风雪。飞机随时可能坠毁，估计难逃噩运，他写好了遗嘱。结果，飞机在驾驶员高超技术的控制下，安全着陆。他死里逃生，欢天喜地回到家，兴奋地把遇险后的心情讲给妻子听，但妻子却只顾和孩子谈论节日的事情。男人一直激动地在讲述自己大难不死的危险经历，妻子虽然在听但听得不专心，对于男人的话反应很冷淡。男人死里逃生的喜悦和被冷落的心情形成强烈的反差，最后他以强烈的态度跟妻子离了婚。

这个悲剧的发生，原因在于妻子没有专心倾听自己丈夫发自内心最真挚的倾诉。当这位死里逃生的男子向妻子讲述自己的危险经历时，他是希望妻子可以体会到自己的幸运和生命的珍贵，但妻子的敷衍让他觉得自己的大难不死对妻子没有任何意义，最终导致了他与妻子关系的破裂。倾听不仅是对别人的尊重，也是对自己的尊重。

真正有效的聆听，不仅仅是耳朵的简单使用，而是和嘴巴、大脑有效的配合，尤其是嘴巴。因为很多人一直认为当别人说话时，闭起嘴巴才是讲礼貌的表现。

很多人把听和倾听混为一谈，认为倾听是理所当然具备的天然能力。其实，听主要是对声波振动的获得，倾听则是弄懂所听到的内容的意义，它要求对声音刺激给予注意、解释和记忆。所以，倾听不是单纯的身体反应过程，它同时需要做智力上和情感上的努力。要真正欣赏别人的人和别人的话，就需要提问，需要反馈，需要保持话题，需要分清已说的和未说的，甚至他人的体态语言也需要加以观察和读解。马休麦凯和马莎戴维斯在他们合著的《如何交流》

中说："倾听是一种确认和一种赞美。它确认了你对他人的理解，对他人如何感受、如何看待世界的一种理解。它也是一种赞美，因为它对别人'说'：'我对发生在你身上的一切表示关心，你的生活和你的经历是重要的。'"

生活中，对于一些细微之处的专注与倾听很重要。很多婚姻之所以会破裂，并非因为在一些重大事件上产生了分歧，相反，大多数家庭往往是由于一些小事情而分崩离析的。这些小事情不仅反映了夫妻间缺乏信任与理解。还缺乏人与人相处要讲究的最基本的尊重。

你不仅要做到专心聆听，还要让对方感受到你的这种专注，这样效果才能更好。那么，该怎么表现出你的认真呢？倾听时，你要善于在倾听过程中传达出"我正在努力倾听，我对你的话很感兴趣，把你想说的都说出来吧"之类的态度，并用表情、肢体动作、语言反馈给对方。

只有专注、耐心地听别人的讲话，你才能了解别人所要表达的意思。没有听清就发表意见或打断是不尊重别人的表现，而且自己的见解和对方的意思南辕北辙时，会引起更大的误会。

听话要听全，兼顾各方观点

倾听是我们接受信息的主要途径，可以帮助我们获取有效信息，了解事实。但是每个人的思想不一样，对同一件事物的看法也不一样，而且人们在抒发自己见解时往往带有主观情感。所以，如果我们完全相信某个人的话语，则很可能影响自己的判断，作出错误的决定。

对于企业的领导者来说，更应该“兼听”。领导虽然自己手中掌握着决策大权，然而一到关键时刻，要作出重大决定之时，往往有苦说不出。举目四望，周围的人大多面带微笑，齐声称好，没有人说一个“不”字；而一旦出了问题，众人皆作鸟兽散状。因此，领导者做决定时，往往手中有权，心中无底。这时，他们就需要有见识的下属提出反面意见，陈说利弊。

领导者要鼓励下属说真话，提意见，给他们畅所欲言的机会，这样，自己才能吸纳到各方面的观点，兼顾各方，做决策时就能使决策全面而又切实可行。

奇异公司是一个非常成功的企业，公司领导善于倾听并接受员工提出的建议和意见。因此，员工勇于向能解决问题的人说出心中的话，与主管面对面地沟通。

有一次会议中，一位工厂工人说他在奇异公司工作了 20 多年了，他的工作一直很尽职，表现也很好，他很热爱这个公司，也受到公司的多方肯定；但是他看到工厂中有一件蠢事，不得不提。

他的工作是操作工厂中一部高价值的机器，这个工作必须戴手套才行，在操作中手套很容易就损坏，须经常更换，而依工厂的规定，要申请一副手套，他必须请别人代班照顾机器，若没人可代班就必须停机，然后走到另一幢大楼，去仓库填写表格，找主管核定后，再送回仓库才可以领到一副新手套。依他的经验，这个过程平均每次要花一个小时。

这位员工说："不知为何工厂要这么规定？"

总经理听了他的问题深有同感，于是反问其他的主管："为什么会有这个规定？"

现场沉默了一段时间，才有人小声地回答说："我们曾经在1979年遗失过一箱手套。"

总经理听了之后立即下令："将手套箱放置在靠近使用者的楼层中。"

在企业中，能解决日常工作上的问题的人，绝不是只有经理人而已，有时反而是那些实际从事工作的人可以提出好的改革意见。每一名员工的意见都有其价值，就看主管能否倾听他的意见，听出其价值来。

智者千虑，必有一失；愚者千虑，必有一得。再精明强干的老板，也难免有失误的时候。如何广泛听取各方意见、集思广益，从中得到正确的结论，获取有益的信息，是一个现代管理者必须具备的修养。

我国著名作家刘心武说过，"一个人知道自己短处比知道自己长处更为要紧"。无论在工作上，还是在生活中，我们考虑问题、做决策时，一方面努力做到不偏听、偏信一方的言辞结论；另一方面要学会主动的、积极的沟通。

那么，我们怎样才能做到兼听则明呢？

首先，要不全信一家之言。单从一个角度看问题是不会有全面的了解的，所以我们要养成多听的习惯，多听以后要多思考，方可以对人或事做出正确的评价。

其次，了解说话人与谈论对象的关系。如果两个人之间有矛盾，那么一个人在谈及另一个人时难免会有不满之言，如果你不清楚他们之间的过节，肯定会对谈论对象产生偏见。

话里有话，猜透对方心理

第二次世界大战中期，东条英机即将出任日本首相。由于这件事非常机密，各大报刊均未获知结果。而记者的任务就是要以最快的速度获得最新的消息，然而，无论记者如何探询，议会大臣都三缄其口。

当时有一名记者非常聪明，他知道大臣们不会大大方方地说出结果，于是他提了一个很奇妙的问题："请问出任首相的人是不是秃子?"

大臣们的神色显得有些犹豫，这名记者立即就得出了答案。

当时，首相候选人总共有3位：一位是满头银发，一位是全秃，一位是半秃。东条英机是个半秃。记者提出问题后便发现一位大臣在犹豫思考：半秃是秃子吗?

在这看似无意的交谈中，这位大臣没有仔细地考察到保密的重要性，虽然他也没有直接回答出具体的答案，但聪明的记者已从大臣思考的瞬间推断出最后的答案，因为大臣在听到问题之后，一直在思考半秃顶是否属于秃子的问题。记者从随意的闲聊中套出了他需要的独家新闻。

我们都有耳朵，在生理上都是有听觉的，但是，正确地听懂对方所要表达的真实意思却并非易事。因为听除了生理上的听清楚之外，还包括心理的和精神的。俗话说：说话听声，锣鼓听音。要想听出对方说话的弦外之音，需要生理、心理、精神三个层面都高度集中。

中国人的普遍性格是含蓄，特别是在说话的时候，表达自己的真实意图不会直接说出，而是迂回委婉地讲出。听话人需要细心领悟与揣摩，否则会产生误解。因此，我们要细心琢磨对方的弦外之音，方能弄清对方的真实意图。生活中这样的例子比比皆是。

比如朋友偷吃了你的东西，你发现后很生气，会喊："是谁吃了我的东西!"朋友一听就知道你生气了，但他会这样说："对不起，我刚才实在是太饿了，有空请你吃饭好吗?"简单的一句话既没有明说是他偷吃了你的东西，又为他自己挽回了余地，还维持了你们之间的友谊。他说他实在太饿了，弦外之音就是说他吃了你的东西，并希望你能原谅他。

又如夫妻之间，妻子礼拜天要去逛商场买东西，她会这样跟你说："你礼拜天有事吗?我想去商场买些东西。"这时你要理解妻子的用意，她想让你陪她一起去。你若把她的话扔在一边，说你自己的事情，她会很失望。

生活中有大量的话不用直接说出来，从话里带出来就行了，不能直言的意思更得靠暗示来表达。这就要求我们善于听出话外之意、弦外之音，这样才能更好地跟人沟通，在交流时才能更好地把握对方的意思。

在与上级领导谈话时更要注意，因为领导的语言是最值得揣摩的。

比如你刚到一家公司不久，领导找你谈话："你到公司虽不久，工作成绩却不错，以后有什么打算呐?"很轻松的一句话却含有领导特殊的意图，他是在考察你的工作心态。

你若坦率地说出自己的理想志向，领导会以为你过于幼稚而缺乏城府；你若大谈自己与公司不相干的事业理想，领导会了解到你眼下只是把公司当成一个跳板，一旦有了机遇你就会远走高飞，根本没有为公司的长远发展打算。

这时，你应该谨慎，不妨这样回答："我想就目前的工作先干一段时间再说，以后再做打算也不迟。"用这样含蓄的语言回答是比较稳妥的。

有些弦外之音我们大家都心照不宣，但另外一些可能你不会太留心。正因为这些疏忽，影响了你的交际能力。所以，在与人交往中，要时时注意留心对方的言外之意。

如果对方是在炫耀他那光荣的过去，这时候你就要留心了，因为此时他心里正在期待着你的夸奖，所以，只要是认为值得或应该夸奖的，你不妨就夸奖他一下。当对方在显示他的博学或机智的时候也是一样，你也应该夸奖他，这样你一定能获得他的好感。

如果对方向你讲述着另外一个人的是非，你千万不可随声附和，也不要直接打断对方的话，你可以间接将话题引开。要懂得闲谈莫论他人是非，更要听出他人言语的暗含之意。对方向你说一个人的过错，不是攻击那个人，就是挑拨你与那人的关系，你要灵敏一些，不要被对方的言语蒙蔽。来说是非者，便是是非人。

谈话当中，你要学会听出讥讽、嘲笑、挖苦之类的特殊语。对方之所以会向你说这种话，一定是因为对你感到不满才会这样的。遇到这种情况，你不要立刻反驳或一味生气，最好拿出自己的宰相度量，全当没听见，以免与对方发生不必要的冲突。

言谈能告诉你一个人的地位、性格、品质及至内心情绪，因此听弦外之音是“察言”的关键所在。只有正确地“察言”，才能在和他人的交往中把握他们的想法，更好地沟通。

心理引导，必要时可以插插话

有一天晓莉遇到很多事，回到家一股脑地向丈夫倾诉起来："我今天太倒霉了。去修车时，老板说油箱有问题，要收 4000 块。我告诉他一定是弄错了，我们买了保险。可他说保险里没这一条，修理工还调戏我，说什么漂亮女人就是不懂车。这太侮辱人了。于是我就和他们吵了一架。""他要收多少钱？"丈夫问。"你没听到我说的其他话吗？"晓莉有些生气。因为她向丈夫抱怨的目的，是希望丈夫同情自己，而不是理性地分析孰对孰错。

男性面对抱怨的第一反应，是解决问题。男人若善于插嘴，情况就会改观。比如晓莉说"要 4000 块"时，丈夫插话："4000 块？太贵了。我们有保险。""是。但老板说没这一条，修理工还调戏我，太侮辱人了。我就和他们吵了一架。""保险没有这一条？确实该和他们吵一架。别生气了，为了这事不值当。"因此，有时候夫妻间通过这样的插嘴，不仅会避免争吵的发生，反而会使感情更加稳定。

虽然说打断别人的话是一种不礼貌的行为，但是如果是"乒乓效应"则是例外。所谓的"乒乓效应"是指听人说话的一方要适时的提出许多切中要点的问题或发表一些意见感想，来响应对方的说法。还有一旦听漏了一些地方，或者是不懂的时候，要在对方的话暂时告一段落时，迅速地提出疑问之处。

恰当地掌握住插话时机，也会使交谈双方产生一种愉快的感觉，进而活跃交谈的气氛。可你的插话要是时机选择不当，在对方讲得起劲时，你非要插进你自认为十分必要的话，表面上看轮到了你发表高论的时机，实际上是失去了激励别人创造的机会。国外有位心理学家说："如果一个人真想听到完整的讯息，他就不会不断插嘴。"因此，插话应该择机而出。

那么，在插话过程中，要掌握哪些技巧呢？

1. 插话的频率要适度，内容要有所选择

2. 避免争论

3. 选择恰当的时机

4. 对自己没听清的话进行询问

5. 及时做出自己的判断

6. 紧急救急法

7. 启发引导

8. 想好插话内容

9. 看准插话的对象

10. 调控全局法

这些插话的技巧都有一个相同之处，那就是这些话的感情色彩都是中性的，既没有对对方的谈话内容及言论发表任何的评判，也没有对对方的情感作出是与非的表达。

适当地插话，或简述你过去的同样经验，以印证说话者的观点，或直接表达你对说话者的观点的理解、赞同，不仅可以让某些事情有所转机，更可以有效地促进人际沟通。

第四章
攻心为上，掌握全局不慌张

每个人心里都有对事物的看法，只不过是每个人的看法存在某些差异。从心理学的角度讲，从人的心理角度进行劝导、说服对方，才能真正让别人认可你自己的观点。攻心也需要采用巧妙的方法，这样才容易让对方接受。

对症下药，沟通准备要充分

战国时期，秦国出兵急攻赵国，此时赵太后刚执政，赵太后向齐国求救。齐国要求：“必须要长安君到齐国做人质，齐国才出兵。”太后不愿意，大臣强行劝谏。太后公开告诫左右近臣说：“谁要再说让长安君为人质，老妇我一定唾在他的脸上。”

左师触龙想见太后，太后满脸怒气等着他。触龙进门后做出疾走的样子，脚步却慢慢向前走，到太后面前自我谢罪说：“老臣脚有毛病，不能快走，好久不见面了。私下自我原谅，却担心太后身体不适，所以想看看太后。”太后说：“老妇依靠车辇行走。”触龙问：“每天饮食还行吗？”回答说：“能喝些粥。”触龙说：“老臣如今特别不想吃，所以自己强行散步，每天三、四里。稍微能增加点食欲，身体舒服些了。”太后说：“我做不到。”太后脸色缓和了些。

触龙说：“老臣的儿子舒祺，最小，没啥出息。可我已经老了，私下很疼爱他。想让他补个黑衣名额，以便在宫廷中做个卫士。冒死说给你听。”太后说：“可以答应，多大年龄了？”回答：“十五了，虽然年少，可我想在自己入土之前托付给您。”太后说：“男人也疼爱小儿子吗？”回答说：“胜过妇人。”太后笑着说：“妇人更厉害。”触龙说：“老臣私下以为太后爱燕后胜过长安君。”太后说：“你错了，没有爱长安君厉害。”触龙说：“父母爱惜自己的孩子，应该为他从长计议。太后送燕后时，握着她的脚，为她哭泣，惦念悲伤她远嫁，也心疼啊。燕后走后，太后不是不想念，可每到祭祀，总为她祷告：‘不要让她回来。’难道不是为她长远考虑吗？希望她的子孙世世代代相继为燕王吗？”太后说：“是的。”触龙说：“如今三代以前，以至于赵立国的时候，赵国历代国君的子孙受封为侯的人，后代继承爵位的人，还有存在的吗？”太后说：“没有。”触龙说："不只是赵国，其他诸侯受封爵位的子孙有在的吗？"太后说："老妇没听说过。"触龙说："这就叫近了祸害自身，远了祸害子孙，难道人主的子孙就一定不好吗？地位高贵而没有功劳，俸禄丰厚而没有贡献，而又挟持礼器宝物太多。如今太后赐长安君尊位，封给他肥沃的土地，赏给他宝物。还不如趁早让他为国家立功，否则你一旦年老驾崩，长安君凭什么在赵国立足呢？老臣以为太后为长安君考虑的太短浅，所以给他的爱不如给燕后的多。"太后说："行，你随便派遣吧。"于是套车一百辆，派长安君到齐国做了人质，齐国立刻出兵帮助赵国。

古人云：知己知彼，百战不殆。同样，与人沟通先要了解情况，掌握对方的心理活动，以便对症下药，采取针对性的方法和手段。能够一眼看透他人，看到对方内心的秘密和手里的底牌，这样就可以顺利地说服他人。

了解别人的"心结"所在，不仅要获得对方的反馈信息，而且要对对方做出某种反应的原因、含义做出准确无误的判断。否则，双方就无法进行有效的交流。有的放矢，这一点在说服中尤其重要。

我们可以从三个方面入手：先言其他，投其所好；推己及人，委婉劝说；晓之以理，动之以情。要想说服别人，就得学会抓住对方心理，要想抓住对方心理，就得学会换位思考。站在别人的立场上去分析，设身处地地考虑利弊，这样别人才会真心接受你的意见。

投其所好，谈话游刃有余

李先生一直试着把面包卖给隔壁的一家饭店。一年下来，他每天都打电话给该饭店的经理，甚至在该饭店订了房间，住在那儿，以促成这笔生意。但是他都失败了。

正在李先生要放弃的时候，他看到在一张报纸上有一个大版块展示了志愿者骑自行车倡导低碳生活的照片，在这张公益图片上，李先生看到了饭店经理。这引起了他的好奇，在认真地查了一下这位经理的资料后，他才知道这位经理非常热衷于公益事业。还被大家选为自行车大使。每个月大家都会骑着自行车绕城宣传，希望大家尽量减少开车的次数，短距离时坐公交或者骑自行车。

李先生决定加入节能减排的行列，一有活动，李先生就骑着自行车加入这个队伍中。

在活动中那位经理认出了李先生，他们约定活动后一起喝杯茶。李先生在见到经理的第一句话不再是谈论自己的面包，而是谈论经理最感兴趣的低碳生活，那位经理非常高兴和他谈论此事，最后李先生轻而易举地得到经理的合作。

如果你想要说服别人，首先得到别人的好感，这时你就要懂得“投其所好”了。每个人对自己感兴趣的事总是充满了热情，当你让他有足够的时间来发挥自己的所长，讲出自己的理论时，他就会产生很大的满足感，把你当成自己人，这时你就可以转入正题了。

投其所好往往是说服对方最绝妙的突破口，它不仅能够促成生意，从而达到自己的目的，还是人际沟通的不二法门，能够增进人与人之间的友谊。

想想你自己，如果遇到和你一样喜欢某类运动、喜欢某个明星或者某部电影的人，你会不会立刻对他产生好感？我们常常说“道不同不相为谋”“志同道合”，不就是说有共同想法的人就是朋友吗？所以，遇到陌生人，不妨仔细观察对方和自己的共同点。

谈论对方感兴趣的事物并给予赞同，是对别人的肯定。相同的兴趣能够拉近人与人之间的距离，例子中的李先生正是用了投其所好的技巧，才得以促成生意。聪明的人会谈论对方感兴趣的话题来引起别人的注意，从而创造出一个和谐友好的氛围，达成双赢；而愚蠢的人总是谈论自己的兴趣，不管别人的看法，这样的话题势必会引起对方的反感，使对方感到谈话内容枯燥乏味。

在生活中，有时候对于某件事或者某个话题往往是针锋相对的，有时会让双方陷入僵局。要想破除僵局，达到自己的目的，你可以采用投其所好的语言方式，向对方的心理发起攻势，顺着对方的思路去发现对方的破绽并给予回击，从而战胜对方。

“投其所好”实际上也是一种诱敌深入的战术，抓住对方的需求和动机，设下圈套，等对方进入圈套，就能果断出击，战胜对方。

运用“投其所好”的方法，我们还可以做到故布疑阵，反客为主，然后利用对方的心理来回击对方的问题，使自己立于不败之地。我们要不断地学习各种语言技巧，让自己在语言上强大起来，在面对任何谈话时都能游刃有余。

以理服人，不要信口开河

美国科普作家阿西莫夫从小就聪明过人，年轻时多次参加智商测试，得分总在160左右，属于天赋极高者之列，他一直为此而扬扬得意。有一次，他遇到一位汽车修理工，是他的老熟人。修理工对阿西莫夫说："嗨，博士！我来考考你的智力，出一道思考题，看你能不能回答正确。"

阿西莫夫点头同意。修理工便开始说思考题："有一位既聋又哑的人，想买几根钉子，来到五金商店，对售货员做了这样一个手势：左手两个指头立在柜台上，右手握拳做出敲击的样子。售货员见状，先给他拿来一把锤子；聋哑人摇摇头，指了指立着的那两根指头。于是售货员就明白了，聋哑人想买的是钉子。聋哑人买好钉子，刚走出商店，接着进来一位盲人。这位盲人想买一把剪刀，请问：盲人将会怎样做？"

阿西莫夫顺口答道："盲人肯定会这样。"说着，伸出食指和中指，做出剪刀的形状。

汽车修理工一听笑了："哈哈，你答错了吧！盲人想买剪刀，只需要开口说'我买剪刀'就行了，他干吗要做手势呀！"

想要说服别人，自然先要将道理摆出来，做到以理服人。若是你没有任何道理就站在那里瞎说，恐怕没人会听你的。

多数人都喜欢坚持相信自己的观点，相信自己的看法和意见是对的，而不希望别人来加以反对。这在心理学上叫作定势效应，是指人们因为局限于既有的信息或认识的现象。人们在一定的环境中工作和生活，久而久之就会形成一种固定的思维模式，使人们习惯于从固定的角度来观察、思考事物，以固定的方式来接受事物。

在人际交往中，凡是有人对你的意见表示反对的时候，对方一定会找寻许多理由为自己辩解。如果你在说话的时候，直接否定别人的意见，就等于把对方放在了你的对立面，这样就可能产生分歧和矛盾，使事业受阻。聪明的办法是，当彼此发生意见分歧时，要以理服人。让对方慢慢接受你的意见，并坚信你的意见是正确的。

以理服人就是摆事实、讲道理，让人从你讲的道理中领悟其正确性，从而接受你的意见，按照你的意见行事。以理服人最重要的一点是摆事实，出言有据，事实确凿，对方的观点就会不攻自破。

动之以情，深入人心

有两个小和尚为了一件小事争执不休，互不相让。第一个小和尚怒气冲冲地去找师父评理，师父心平气和地听完他的话之后，郑重其事地对他说：“你是对的！”于是第一个小和尚得意扬扬地跑回去宣扬。第二个小和尚不服气，也跑来找师父评理，师父在听完他的叙述之后，也郑重其事地对他说：“你是对的！”当第二个小和尚满心欢喜地离开后，一直跟在师父身旁的第三个小和尚终于忍不住了，他疑惑不解地向师父询问：“师父，您平时不是教我们要诚实，不可说违背良心的话吗？可是您刚才却对两位师兄都说他们是对的，这岂不是违背了您平日的教导吗？”师父听完之后，不但毫无怒色，反而微笑地对他说：“你是对的！”第三位小和尚此时才恍然大悟，立刻拜谢了师父。

讲理是天经地义的事情，只有以理服人才能让人接受。人人都有自尊心和好胜心，在非原则问题上，应让别人三分。其实，人生最可贵的当儿便在那一撒手。而善解人意的人更能深刻体会这一点。有些时候以情动人比以理服人更具有智慧，这样既给人留下一条后路，又彰显自己一种宽容的胸怀。一举两得，何乐不为呢？

美国政治家富兰克林说：“我立下一条规矩，我在说服他人时，绝不正面反对别人的意见，也不准太武断，我甚至不允许自己在文字和语言上措辞太肯定。当别人陈述我不以为然的事时，我不会打断他，也不会立即驳斥他，或立即指正他的错误。我在回答的时候，先表达他的意见在某些条件下没有错，再说出目前稍有不同，等等。这样，谈话的气氛就会很融洽。以谦虚的态度来表达自己的意见，不但容易被人接受，也容易减少一些分歧，这样即使我有错也不会有难堪的场面。而如果我是对的，别人也较容易赞同我。”

汉朝时有一位叫刘宽的人，为人宽厚仁慈。他在南阳当太守时，小吏、老百姓做了错事，为了以示惩戒，他让差役用蒲草鞭责打，使之不再重犯，此举深得民心。刘宽的夫人为了试探他是否像人们所说的那样仁厚，便让婢女在他和属下一起办公的时候捧出肉汤，故作不小心把肉汤洒在他的官服上。要是一般的人，必定会把婢女毒打一顿，至少也要怒斥一番。但是刘宽不仅没发脾气，反而问婢女："肉羹有没有烫着你的手？"由此足见，刘宽为人宽容之肚量确实超乎一般人。现实生活中，不少冲突都是由于一方或双方纠缠不清、得理不让人，一定要小事大闹，争个胜负，结果，矛盾越闹越大，事情越搞越僵。这时，不妨糊涂一下，得理也要让三分，用宽容之心待人。得理让人，才是一种成功的处世方式。

世上的一切事物都是相对的，得理也是如此。有的人，遇事若占了上风，无不盛气凌人，咄咄相逼，非要别人低头求饶方熄心头之火，好像不如此就有损于自己的颜面和尊严。凡事都有一个度，若固执而不知变通，好走极端，超过了度的界限就必然走向谬误。生活之中遇到纷争，双方若能平心静气讲明道理，相互谦让，宽容大度，以理相让，则有利于化解矛盾，消除隔阂，从而建立和谐的人际关系。

同情心理：从对方的角度想问题

问题不在于你说了什么，而在于你是怎样说的。舌头是天底下最有威力的武器，它可以打动别人，破除你成功路上的障碍，也可以伤害别人，为你增添阻碍，所以学会利用舌头是人生的必修课。你只有认真听、仔细想、反复推敲，才能掌握住适宜的说话技巧。也只有这样，说话者才会如愿达到自己的目的。

据说在某国的教堂内，有一天，一位教士在做礼拜时，忽然熬不住烟瘾，便问他的上司："我在祈祷时可以抽烟吗？"结果，他遭到了上司的斥责。然后又有一位教士，也发了烟瘾，却换了一种口气问道："我抽烟时可以祈祷吗？"上司竟然莞尔一笑，答应了他的请求。

因此，我们在与人交流的时候，一定要注意说话或提出意见时都不能太直白，否则就可能会给自己惹来麻烦。

一句话到底应该怎么说，其实很简单，你只要设身处地站在他人的角度想想就会明白了。

在周末，有许多青年男女伫立街头，他们中间有不少人是等待与情侣相会的。有两个擦鞋童，正高声吆喝着以招徕顾客。其中一个说："请坐，我为您擦擦皮鞋吧，我会把它们擦得又光又亮。"另一个却说："约会前，请先擦一下皮鞋吧。"

结果，前一个擦鞋童摊前的顾客寥寥无几，而后一个擦鞋童的吆喝声却收到了意想不到的效果，一个个青年男女纷纷让他擦鞋。

这究竟是什么原因呢？其实原因很简单，分析一下就可以得出答案。我们听到第一个擦鞋童的话时，尽管他的话礼貌、热情，并且附带着质量上的保证，但这与此刻青年男女们的心理差距甚远。因为，在黄昏时刻，破费钱财把鞋擦得又光又亮，没有多少必要。显然，人们从这儿听出的是"为擦鞋而擦鞋"的意思。而第二个擦鞋童的话，就与男女青年们此刻的心理非常吻合。“月上柳梢头，人约黄昏后”，在这充满温情的时刻，谁不愿意以干干净净、大大方方的形象，出现在自己心爱的人面前呢？

一句“约会前，请先擦一下皮鞋”，真是说到了青年男女的心坎上。可见，这位聪明的擦鞋童，正是传送着“为约会而擦鞋”的温情的爱意。一句“为约会而擦鞋”，一下子抓住了顾客的心，因而大获成功。所以，一个心理成熟、懂得社交技巧的人，应该知道在什么时候，以怎样合适的方式说话与办事。同样是说实话，用不同的方式说，效果会有很大的不同。

一般情况下，我们在说话之前，要经过一番慎重的考虑。一定要确立说话的目标；还要学会察言观色，善于把握对方的心理，充分考虑到说什么话，如何说、什么时候说。确定了这些，再开始说话，才能收到良好的效果。另外，我们还要充分地考虑说话的对象是什么样的人，然后再酌情说话，这样才会避免一些不必要的敌对情绪，成为一个到处受欢迎的人。

立场不同、所处环境不同的人，对同一问题的看法、处事态度肯定会有所不同。要说服一个人，如果能够换位思考，站在对方的立场上晓之以理，更容易被对方接受。

人们都有自己的思维习惯和看待问题的方式，在他们看来，自己的观点和意见总是正确的。如果想要说服对方，就需要学会换位思考，站在对方的角度看问题。换位思考是人际沟通的一大技巧，对交流双方都有好处。

从心理学上讲，站在对方的角度考虑问题，传递的是对对方的尊重与体贴，彼此间容易相互理解，并产生好感，进而做出积极回应。

成功学大师卡耐基曾说：“与人相处能否成功，全看你能不能以同情的心理，体谅和接受他人的观点。”因为人们对问题的看法、处世态度有很大差别，所以人与人和睦相处，换位思考很重要。你为别人着想，别人才会为你着想。

正话反说，解除心理防范

汉武帝刘彻有位乳母，在宫外犯了罪，被官府抓了，并禀告汉武帝。汉武帝心中十分为难，毕竟是自己的乳母，滴水之恩当涌泉相报，何况自己是她用乳汁养大的。但是，天子犯法与庶民同罪，如果不处置她，有失自己天子的尊严，以后何以君临天下。思来想去，汉武帝决定以大局为重，依法处置自己的乳母。

乳母深知汉武帝的为人，知道自己凶多吉少，便想起了能言善辩的东方朔，请求东方朔帮自己一把。

东方朔也颇感为难，他想了想说："办法也有，但必须靠你自己。"

乳母急切地问："什么办法？"

东方朔说："你只要在被带上刑场的时候不断地回头注视皇帝，但千万不要说话，也许还有一线希望。"

乳母虽不解其中玄机，但还是点了点头。

当这位乳母被带走行刑时，她有意走到汉武帝面前向他辞行，用哀怨的眼神注视着武帝，几次欲言又止。汉武帝看着她，心里很不是滋味，有心想赦免她，又苦于君无戏言，无法反悔。

东方朔将这一切看在眼中，知道时机已成熟，便走过去，对那位乳母说："你也太痴心了，如今皇上早已长大成人，哪里还会再靠你的乳汁活命呢？你不要再看了，赶紧走吧。"

汉武帝听出了东方朔的话外之音，又想起了小时候乳母对自己的百般疼爱，终不忍心看乳母被处以刑罚，于是法外开恩，将她赦免了。

当我们遇到一些不愉快的事情时，用正话反说的方法可能会收到更好的效果。对那些从事特殊工作的人们，在说话时更要看清对象，学会正话反说。否则说话太直，会给人带来不幸。

某护士刚从医学院毕业，怀着满腔热情到市里的一家医院实习。实习的第一天，带她的医生让他到6床通知病人，把病情好好跟病人说一下，告诉他只剩6个月的时间了。

护士听完医生的话，就拿着6床的病历到了病房。一进病房她就大声喊道："6床的病人做好心理准备啊，你只剩下6个月的时间了。"病人听完后一下子承受不住，当场就昏了过去。主治医生知道后狠狠地教训了她："病人因为身体的疾病已经很痛苦了，你怎么可以这样直接就告诉他呢？万一出现什么后果，你负得起责任吗？"

我们不能评价这个护士没有能力，但是她的语言表达方式实在令人不敢恭维。

在一些特殊场合下，实话实说是致命伤。"说话莫忘看场合"，该反说时就反说。因为，心理学告诉我们，在不同的场合中，人们对他人的话语有不同的感受、理解，并表现出不同的心理承受能力，正因为受特定场合心理的制约，有些话在某些特定环境中说比较好，但在另外的场合中说未必佳；同样的一句话，在这里说和在那里说效果就不一样，说什么，怎么说，一定要顾及说话环境，才能取得良好的说话效果。总之，唯有巧妙地利用语境，做到情境相宜，才能攻破人们的心理防线。

另外，正话反说也是产生幽默感的有效方法之一。使用这种方法能够在不直接指明对方错误的基础上，使他们自我反省并认识自己的错误。

有一则宣传戒烟的公益广告，上面完全没提到吸烟的害处，相反地却列举了吸烟的四大好处：一、节省布料：因为吸烟易患肺痨，导致驼背，身体萎缩，所以做衣服就不用那么多布料；二、可以防贼：抽烟的人常患气管炎，通宵咳嗽不止，贼人以为主人未睡，便不敢行窃；三、可防蚊虫：浓烈的烟雾熏得蚊虫受不了，只得远远地避开；四、永葆青春：不等年老便可去世。

这里说的吸烟的四大好处，实际上是吸烟的害处，却正话反说，显得很幽默，让人们从笑声中悟出其真正要说明的道理，即吸烟危害健康。

丘吉尔为了出席宫殿举行的演讲，超速开车，被一名年轻警员逮住了。“我是丘吉尔首相。”丘吉尔不慌不忙地说。“乱说，你一定是冒牌货！”警官这么一说之后，大英帝国的首相谢罪了。他说：“你猜对了！我就是冒牌货！”

这么一来，警官面露微笑，放过了这位世界上著名的伟人。

丘吉尔在一本正经表明身份的时候，被警官怀疑。然后，他就换了一种方式，正话反说，这样反而使警官摸不清虚实，使得警官抱着一种“宁可信其有，不可信其无”的心态放过了他。

在特定情况下，人们需要打破习惯的说话方式，反其道而行之，这便形成了反语。反语是一种拐弯抹角、迂回的表达方式。正话反说不仅有很好的表达效果，还有更强的说服力。

先顺着对方的意思，让对方解除心理防范，再让对方领悟“话中之话”，一旦对方顿悟，便能起到立竿见影的效果。正话反说不只是一种沟通策略，更是一种攻心术。不但可以避其锋芒，明哲保身，而且能让对方欣然同意自己的见解。

顺水推舟，击溃对方心理防线

第二次世界大战期间，美国因为参战而必须动员大批青年服兵役，但多数美国青年过惯了舒适生活，担心自己的生命会骤然消失，于是纷纷抵制美国五角大厦发出的征召令。其中，俄亥俄州的地方行政长官已经是第五次被参谋长联席会议主席训斥得灰头土脸。

他表示：他已经说得口干舌燥，却仍然无法说服那些懦弱且意见纷杂的青年。正当他焦头烂额之际，有人向他介绍了一位大名鼎鼎的心理学家。

这位心理学家经过一番精心准备之后，信心十足地来到募兵现场。当他面对台下东张西望的青年时，先沉默了五分钟，然后用浑厚的男中音开始进行演讲：

“亲爱的孩子们，我和你们一样，特别珍惜自己的生命。”

青年们见他颇有学者风度，说话又切合自己的胃口，便开始安静下来聆听。

“首先我要提醒大家，热爱生命是无罪的，因为，我们每个人都只有一次生命。凭良心说，我同样反对战争、恐惧死亡，如果要求我到前线去，我也会和大家一样想逃避这项命令。

“但是，我也存在另外一种侥幸心理：假如我服兵役，可能只有一半的概率会上前线作战，因为也有可能会留在后方；即使上了前线，我作战的可能性同样也只有一半，因为说不定我会成为某长官的左右手而留在安全地区；万一我不幸必须扛起枪，受伤的可能性仍然只有一半；即使不幸挂彩，如只有轻伤也不致受到死神的召唤，因此，我实在没有担忧的理由；如果是重伤，或许在医生的帮助下也有可能逃离地狱的鬼门关；就算真的运气不好，如果我不幸为国捐躯，亲人和朋友也将替我感到骄傲，我的父母不但会受颁一枚最高勋章，还可得到一笔数量可观的抚恤金和保险金，邻居小孩子们会以我为英雄，把我当成偶像来崇拜。而我，一位伟大的战士也进入天堂，来到慈祥的天父身边，说不定还会见到万人敬仰的华盛顿将军。”

听完这段演讲，本来极力抗拒上战场的青年们纷纷表示愿意赌一赌，他们或者是想当英雄，或者是有人家境不好，万一出事可领巨额抚恤金。

就这样，心理学家的一席话，攻下了青年们的心理弱点，让他们成功地被说服。

实际上，这位心理学家只是发挥“顺水推舟”的策略而已。如同催眠师一般，他先瓦解对方坚固的防御心理，进而掌握他们潜意识下的心理需求，然后将他们一步步引入预先布下的网络中，最后巧妙地操纵对方情感，使其轻易就范。

有时候，人执拗于某一错误道理或者荒唐的念头，常是由于思维逻辑出现了错误。在这种情况下，你只需顺水推舟的指出他的逻辑错误，问题就迎刃而解了：

沟通前，首先要认清对方的心态，弄清对方的心理状况。对方的心态决定了对方说话的内容和方式，所以，在谈话的过程中要注意把握住对方的心态，弄清对方的心理状况，这样才能把握住机会，顺水推舟。有时候，机会要靠自己创造，所以在和他人谈话的时候，要注意因势利导，克服对方的抵触心理，使对方软化自己的立场，一步一步引导对方进入自己的语言环境，为自己的顺水推舟做好准备。

在沟通过程中，如果你特别坚持自己的主张和观点，试图使自己彻底击溃对方而占得上风，那对方反而会加强防范、顽固对抗，结果就会适得其反。这时你应该先顺应对方的意思，肯定对方的想法，再有意无意地以伪装过的说法表达自己想说的话，才不会让对方发现你的意图。

第五章
心理定位法，更快锁定对方心理

看那些处事干练的人，话一般不太多，不说则已，一说就说中点子。心理学认为，先有定位，再做沟通，才能更快地锁定对方的心理。你在沟通中真正的智慧就是如何让自己的语言尽可能地简练，而且产生一语中的效果。

超限效应：感受一语千金的力量

有一个人去听一位牧师的演讲，开始的时候，他被深深地感动了，拿出很多钱准备捐款。一个小时过去了，这个人认为牧师的演讲估计该结束了，但牧师仍在继续，他有点不耐烦，决定只捐一些零钱算了。两个小时过去了，牧师还在滔滔不绝，这个人开始反感，决定一分钱也不捐了。三个小时过去了，牧师还在翻来覆去地讲同一个道理，这个人烦透了。好不容易挨到牧师演讲结束，开始时准备捐钱的这个人，不但一分钱没捐，还趁人不注意从捐款钵里拿走了一些钱。

在生活中，你是否经常会看到类似的现象：一位妈妈三番五次地对孩子说“你要把你的屋子收拾干净”，可孩子将妈妈的话当作耳旁风，屋子杂乱依旧；妻子不知疲倦地提醒丈夫“你该戒烟了”，可丈夫依然吞云吐雾……造成这些现象的原因，就是刺激过多、过强、过久，超过了合理的限度，引起了人们心理极不耐烦或反抗的情绪，使事物朝相反方向发展。心理学上将这一行为称作“超限效应”。

由此可见，我们如果希望自己说的话能够在别人身上起作用，就不能采取简单的重复，而是能换个角度、换种说法，将对方的厌烦心理、逆反心理减到最低，到那时，你也许能真正体验到“一语千金”的威力。

托尔斯泰说过：“人的智慧越是深奥，其表达想法的语言就越简单。”其实真正打动人心的语言往往不是长篇大论，而是那些简洁有力的话。

第二次世界大战期间，面对希特勒率领的军队的进攻，英军节节败退，人心惶惶，士气低沉。当时的英国首相丘吉尔觉得有必要做一场演讲，来激励士兵的士气，挽救国家的命运。

丘吉尔拄着拐杖，戴着草帽，慢步走向讲台，先把草帽放在讲台上，然后从左到右横扫了整个军营，说：“永不放弃！”然后又从左到右横扫了整个军营，说：“永不放弃！”当时整个军营鸦雀无声，连一根针掉在地上的声音都可以听到。然后他又从左到右横扫了一次整个军营，加大声量说：“永不放弃，永不放弃，永不放弃，永不放弃！”整个军营都兴奋起来，欢呼声和拥抱淹没了整个军营。此后英国连连打败了德国希特勒军队的进攻。

这就是丘吉尔最著名的演讲，世界上最震撼的演讲，同时也是世界上最短的演讲。对此，你有什么想法吗？在这个讲究效率的时代，不要用你的长篇大论来浪费彼此的时间，折磨别人的耳朵了，简洁明晰地表达自己的观点才能收到更好的效果。

把多余的话去掉不说

古人云：山不在高，有仙则名；水不在深，有龙则灵。说话也是如此，话不在多，点到就灵。在生活节奏紧张快速的现代社会中，没有人愿意花费大量的时间去听你的长篇大论。这就要求你在谈话时要做到言简意赅，一针见血。

《三国演义》中有一段“白门楼斩吕布”的故事。吕布被曹操所擒，曹操考虑到吕布本领高强，有心饶他不死，留下为己所用。为此，他征求刘备的意见。刘备担心吕布归顺曹操后，不利于日后自己称雄天下，希望曹操处死吕布。这时，刘备本可以列举吕布的很多劣迹恶行，但他仅选择了吕布心狠手辣、恩将仇报、亲手杀死义父的典型事例来说服曹操。刘备只说了句：“公不见丁建阳、董卓之事乎？”一句话提醒曹操，吕布反复无常，很难成为心腹，弄不好就成为吕布的刀下鬼。于是，曹操下决心，立斩吕布。

吕布曾有恩于刘备，吕布被斩之前，也曾提醒刘备：“君不记辕门射戟之事乎？”然而刘备却不予理会，只用一句提示性的话，就坚定了曹操的决心，立刻就要了吕布的性命。

从某种程度上说，能言善辩比写作更实际、更为人们迫切需要。话要说到点子上才能起到关键性的作用。所以话并不是说得越多才越有说服力，要抓住谈论的要害，才能事半功倍。因此在人际交往中处于不败之地，就要有个好口才，这就像我们辩论一样，抓不住对方的论点要害，永远也不会把对方击败。

从前有个客商新开了一家酒店，为了招徕顾客，特备厚礼请几个秀才为他写一块招牌。甲秀才大笔一挥写下了“此处有好酒出售”七个大字。众秀才议论纷纷，乙秀才说：“‘此处’二字太啰唆。”丙秀才说：“‘有’字也属多余。”丁秀才认为酒好酒坏顾客自有评价，“好”字也当删去。这时甲秀才带着几分怒气认真地说：“如此说来还是干脆只留个‘酒’字算了。”众秀才频频点头赞许，大家也欣然接受。

现在，我们看到许多售酒处都会贴一个“酒”字或者挂一个“酒”字招牌，就是由这样一个故事演变而来的。

简洁能使人愉快，使人喜欢，使人易于接受。说话冗长累赘，会使人茫然，使人厌烦，达不到目的。简洁明了的清晰声调，一定会使你事半功倍。人们交流思想、介绍情况、陈述观点的时候，为了能够使对方更快地了解自己的意图，领会要领，往往是用高度凝练的语言。在开口之前，先让舌头在嘴里转个圈，把多余的废话减掉，一开口就往点子上说，才能在激烈的社会竞争中处于不败之地。

口才训练法，开口给他人力量

说话言简意赅的人都有一个共同点，那就是具有非常出色的语言组织能力。词语是人说话的基本元素，用对了字眼不仅能打动人心，同时更能带出行动，而行动的结果便是展现出另一种人生。马克·吐温说："恰当地用字极具威力，每当我们用对了字眼……我们的精神和肉体都会有很大的转变。"

说话时需要精心遣词，恰当用字，这样不仅可以准确地表达自己的意思，而且能够起到感染听者的效果。这才是言简意赅。

交谈时，若是你说对了话，就能使人欢笑、排除心病、给人希望；若是说错了话，就会使人难过、伤心、令人绝望。

许多历史上的伟大人物就是因为善于遣词造句、激励人心，才得以开创伟大的事业、名留青史。

有一位伟人曾在演讲中这样说道："当我们今天得以享受到充分的自由时不要忘了《独立宣言》，它是两百多年来给予我们每个人的保障。同样地，当我们这些年致力于种族平等时，不要忘了那也是因为某些字眼的组合而激发出来的行动所致。没有人会忘记马丁·路德·金博士打动人心的那一次演讲，他说：'我有一个梦想，期望有一天这个国家能真的站立起来，信守它立国的原则和精神'……"的确，用词恰当不仅能打动人心，还能引导行动。

第二次世界大战期间，英国正处于风雨飘摇之际，有一个人的话激起了英国全民抵抗纳粹的决心，结果他们以无比的勇气挺过了最艰苦的时刻，打破了希特勒部队所向无敌的神话，这个人就是丘吉尔。

从某种程度上说，人类的历史就是由那些具有震撼力的语言推动的，然而却鲜有人知道那些伟人所拥有的语言力量也能够在我们的身上找到。这能改变我们的情绪、振奋意志，乃至于有胆量敢于面对一切的挑战，使人生丰富多彩。

那么如何提高你的语言组织能力呢？答案就在于认真观察。

把自己看到的景、事、物、人等用描述性的语言表达出来，就是描述。在进行描述训练时，你完全可以充分发挥你的全部才能把很多合理的内容增加进去，这样你的描述就会更充实，更生动。

小的时候学过的看图说话，就跟描述很类似。只是我们要描述的不仅仅是图，还有生活中的景、事、物、人等，要求比看图说话高一些。

利用描述的方法训练口才，比前面介绍的几种方法更进了一步。这种方法没有现成的对象，完全是你自己能力的体现，完全是一种创造。对于同一描写对象，不同的人有不尽相同的表述，即使同一个人，不同的时间也可能出现不尽相同的表述。

这种训练方法的主要目的就是训练你的语言组织能力、对事物的观察能力和敏捷的思维能力等。

无论是平时的谈话、聊天，还是论辩、谈判、演讲，都必须具有较强的组织语言的能力，没有这种能力，不可能拥有一张悬河之口，口语表达能力的基本功就是组织的能力。

我们在跟别人说话时用词常常十分谨慎，然而却不留意自己习惯用的字眼，殊不知我们所用的字眼会深深影响我们的情绪，也会影响我们的感受。因此，如果我们不能好好掌握怎样用词，如果我们随着以往的习惯继续不加选择地用词，很可能就会扭曲事实。譬如说当你要形容一件很了不起的成就时，用的字眼是“不错的成就”，那对别人的情绪就很难造成兴奋的感觉，这全是因为你用了具有局限性的字眼所致。一个人若是只拥有有限的词汇，那么他就只能体验有限的情绪。反之若是他拥有丰富的词汇，那就有如手中握着一个可以调出多种颜色的调色盘，可以尽情来挥洒自己的人生经验，不仅为别人，更可以为自己。

人类的历史也可以说是由那些具有威慑力的话所写成的，这些话可以调动你的情绪，振奋你的精神，使你有胆量面对一切挑战，让人生过得更有意义。

选择使用积极性的字眼，能够振奋人心。反之，若是选择使用消极的字眼，就会让人自暴自弃。

莫失言，透过现象看人心

我们在平常的生活和人际交往中，失言是不可避免的。失言的原因是多方面的，但其中最根本的原因，往往是因为语意含糊，缺乏清醒的目的。

谈话不只是一种社交上的需要，也不只是为了互相认识和了解一下，而是要彼此传达自己的意识和思想。所以，在说话时要首先明确自己的目的，要把话说明白，让对方能够听懂、理解。

例如，你找一位朋友请他参加一个团体，或者请一位医生解决一个医疗问题，或是买卖双方谈论生意上的事情，这一类谈话究竟和一般社交性质的谈话有什么不同呢？在有些方面，两者是一样的。例如，你要具有一般的谈话能力，你要能够适应对方，尽可能了解对方的特点，你要有兴趣，态度要友好而又真诚等等。但有些地方却是不同的，这类谈话，每次都有一个特殊的目的。

一般来说，人们说话的目的，不外乎以下 5 种：

1. 传递信息或知识

如课堂教学、学术报告、现场报道、产品介绍、展览解说等一类的说话。

2. 引起注意或兴趣

多是出于社交目的，或为了与人接触，或为了与人沟通，或为了表明自身的存在，或为了取悦于人，如打招呼、应酬、寒暄、提问、拜访、导游、介绍、主持人讲话等。

3. 争取了解和信任

如人们交谈、叙旧、拉家常、谈恋爱等，往往旨在交流感情，增进友谊，密切关系。

4. 受到激励或鼓动

旨在加强人们现有的观念，坚定信心，振奋精神，有时也要求得到行动上的反应，如赞美、广告宣传、洽谈、请求、就职演说、鼓动性演讲，以及聚会、毕业典礼和各种纪念活动、庆祝活动中的讲话等。

5. 能够说服或劝告

诸如谈判、论辩、批评、法庭辩护、竞选演说、改革性建议等此类说话，大多力图改变对方的某种观念或信念，阻止对方采取某种行动。

坚持话由旨遣的原则，明确说话目的，是说话取得成功的首要条件。目的明确，谈话、社交往往能够取得良好的效果，有时甚至能够使说话人急中生智，化险为夷。

只有明确了目的，才知道应准备什么话题和资料，采取何种语体风格，运用哪些技巧，“抓住一点，不及其余”，从而能够有的放矢，临场应变。若目的不明，不顾场合地信口开河、东拉西扯，对方就会不知所云，无所适从。

明确了要表达的主要内容，还要通过语言进行传递，语言是否恰当、贴切直接影响信息传达的效果。清晰准确的语言能够最大限度地表现说话人的原意，而含糊不清的语言会阻碍信息的有效表达，甚至被人误解原意。

要想使语意清晰，一定要注意遣词造句，恰当的用字才能准确地表达自己的意思。另外，适当的语句还能起到感染听众的作用。

清晰准确地表达自己的意思，就要善于锻造自己的用词，丰富的学识是准确的前提，平常我们要勤于积累。

每次与人交流之前，不妨先自问一番：“我要向对方传达什么信息?”或者“对方想要获知什么内容?”预先想一想自己的表达要达到什么样的效果，并把预期的效果当作目标，为之努力。

另外，在平时就注重培养自己分析问题的能力。要学会透过事物的表面现象，把握事物的本质特征，并善于综合概括。在这个基础上形成的交流和语言，才能准确、精辟。这是一个长期积累的过程，需要我们在平时多下功夫。

我们经常说一个人口才好，并不是指他在别人面前怎么侃侃而谈，而是说他的每句话都能说到点子上，能起到真正的作用。相反，一个人即使能把一件事说得天花乱坠，却使人不得要领，那也只能是废话。俗话说“话多不如话好，话好不如话巧”，说话有的放矢，这样才能说到对方的心里。

沉默也是一种语言

人的关系是很微妙的，往往一句“说者无意，听者有心”的话，伤害就不知不觉造成了；即使你本意不是伤害别人，却总是处处显示自己，把别人陷于被动、尴尬的局面，那就糟糕了。更何况在错综复杂的交际网中，在城市的每一个角落里，无时不隐藏着杀机和危险，有“一失足成千古恨”的先例，更有祸从口中出、引祸上身的酒桌之言。无心之言、戏言、多嘴之言都会随时带给你这样或那样的结果，造成上下级间的关系紧张、夫妻间的关系不和、朋友间的误会、邻里间的矛盾等。所以，话不在多，言多必失，聪明人都懂得这个道理，绝不会把自己的精力浪费在说废话上。

爱因斯坦在研究出相对论之前，默默无闻地在小镇上生活着，过着深居简出的日子。他一心投入到理论的研究中，从不会为了自己的头发长短或者衣服的搭配而浪费时间。有一天，他在街上遇到一位久违的朋友，朋友看见他不修边幅的样子十分吃惊，劝他注意一下形象，不要再穿得随随便便就出门。谁知爱因斯坦却回答道：“这有什么关系？反正这里的人都不认识我。”

他在理论上取得重大突破之后，一夜成名。可他还是和从前一个样子，宁可把时间花在读书、拉小提琴上，也不愿意修饰一下自己的穿着，仍和从前一样随便、简单。一天，他又遇到了那位老朋友，老朋友看见他这副样子更加惊讶，劝他好好整理一下头发，换两件衣服，改变一下形象。可爱因斯坦却说：“这有什么关系？反正这里的人已经都认识我了。”

想想看，如果爱因斯坦不是这么平静地回答朋友的提问，而是一大篇的废话，那么出名之前，人家可能会觉得这个人真不安分，总是抱怨现状、想入非非；出名后，人家肯定以为他目中无人、自以为很了不起。所以，与其话太多给人留下把柄，不如沉默下来，给人家想象的空间，也避免授人以柄。

话太多会招致别人的反感，也会招致别人的嫉妒。有时候也许你的话无伤大雅，可是为了表现自己而处处张扬的人，也会给人华而不实、聒噪肤浅的感觉。滔滔不绝地把自己的优点、缺点全部暴露，可能也算是实在，算是一个优点，但对那些不熟悉的人或是无关紧要的人表达得过分了，也就失去了神秘感，让人一眼看到底不仅显得内涵不够，还可能让人怀疑你腹中空空。

有些话可能有些庸俗，但细细想来却是不破的真理，如“做人留三分”“木秀于林，风必摧之”。过于张扬，开口便喧宾夺主、口若悬河，即使你真的有真才实学，也难免令人厌恶。不如适当地沉默，保持内涵，让人感觉你高深莫测、成熟稳重。凡事在心不在口，如果你平时不显山露水，说话不多却思路清晰、言之有物，令人如沐春风。那么，在关键时刻，那些平时吹擂的人反而会各个退后，让你站出来真正解决难题。这时候，别人一定非常惊喜，着实佩服你的能力。当然，我们推崇的沉默不是忸怩作态，而是拥有真正的内涵。而拥有真正内涵的人，通常也明白保持沉默的道理。

过去，心理学家常常认为人们应该把自己的心里话讲出来。但现在人们逐渐发现，在与他人的交往中，有时更需要忍耐和沉默。沉默不是无奈，更不是软弱。有时候，不说比说更有威力。

狭义的沉默是指一言不发、缄口不语；广义的沉默则是不通过言语，而是运用目光、神态、表情、动作等，间接地表达自己的思想感情。在生活中，沉默具有丰富的内涵：第一，沉默可以避免冲突升级；第二，沉默可以做暗示性表态。正如古罗马著名演说家、政治家西塞罗所说：“沉默蕴涵着一种艺术，沉默也蕴涵着雄辩。”

第六章
正向人格激励，胜过千言万语

心理学认为，正向的人格激励能使人身心愉悦，充满力量。一句赞美的认可，比得上千万言语，在人际交往中，学会适当巧妙地赞美别人，不仅是对别人的一种激励，更是自己人格魅力的体现。

赞美心理，人人中招

赞美让失败者重新燃起希望的火把，让犹豫者更加坚定自己前进的步伐，让自卑者忘却失意，重拾自信。成功学大师拿破仑·希尔曾说："人类最深的需要是渴望他人的赞美。"根据马斯洛的需求金字塔，人除了基本的生存需求外，还需要更高层次的需求——精神食粮带来的身心愉悦，而精神食粮之一便是赞美。

春风化雨，一句赞美的话能瞬间改变人的心境，让人的态度从消极冷淡变得愉悦热情。人人都需要赞美，渴望被赞美是人类普遍的心理需求，是人性中最根深蒂固的本性。

一位老人衣衫褴褛，每天都会出现在街头固定的地方，卖艺求生。他的弹奏很精彩，有很多人施舍给他钱财，不一会儿，他面前堆积的钱就很可观了。可是老人一直都不去看满满的钱罐，只是静静地闭目坐着，继续自己的弹奏。忽然，一阵热烈的掌声唤起了老人的注意："你的弹奏真是美妙极了！"一位游人边鼓掌边真诚地发出赞叹。老人的脸上露出了欣慰的笑容，原来老人一直期待的就是一位赞美者。

林肯曾说："每个人都希望受到赞美。"赞美是一种精神的褒奖，它不同于物质上的满足，能让人产生更长久的幸福感。故事中的老人虽然是一个靠卖艺为生的乞讨者，但是追求赞美也是他最大的内心需求。满罐的钱都没有让老人抬眼，只一阵热烈的掌声就让老人露出了欣慰的笑容，由此可见，人人都渴求得到赞美，赞美是人类灵魂需求的一部分。

人际关系专家卡耐基曾说："喜欢被人认可，感觉自己很重要，是人不同于其他低级动物的主要特性。"正是因为有这种需求，人们才会不断表现自我，超越别人，追求完美，以期得到更多的赞美。

莎士比亚说："赞美是照在人心灵上的阳光。没有阳光，我们就不能生长。"可见，赞美就像阳光一样温暖着我们的灵魂，如果生活中没有了赞美，我们的生活就没有了养料，就无法正常生长。

马克·吐温说过，一句得体的称赞能使他陶醉两个月。在生活中，我们每个人都期待他人的赞美，因为每个人内心都希望自己所付出的努力被别人看到，自己所取得的成绩被别人称赞。赞美是对自我价值的肯定，是精神的奖杯。赞美的话能给人自信，让人精力充沛，让人获得内心的满足。

赞美是一种美好的情感体验，它让人快乐，给人自信。它带给我们的不仅仅是一时的愉悦，而是长久的快乐。

美国"钢铁大王"卡内基，曾经开出 100 万美元的超高年薪聘请一位执行长夏布。当时，许多记者问卡内基原因，卡内基说："他那一张会赞美别人的嘴值得我为之付出这样的薪水。"

父母经常赞美孩子，家庭气氛和睦、欢乐；领导经常赞美下级，职工的积极性、创造性不断被激发，被调动。赞美之于人心，如阳光之于万物。在我们的生活中，人人需要赞美，人人喜欢赞美。这绝不是虚荣心的表现，而是渴求上进，寻求理解、支持与鼓励的表现。爱听赞美，出于人的自尊需要，是一种正常的心理需要。经常听到真诚的赞美，明白自身的价值获得了社会的肯定，有助于增强自尊心、自信心。

有的人吝惜赞美，很难赏赐别人一句赞美的话，他们不懂得，多正面引导，多表扬鼓励，是思想教育工作的一条规律。予人以真诚的赞美，体现了对人的尊重、期望与信任，并有助于增进彼此间的了解和友谊，是协调人际关系的好方法。人人皆有可赞美之处，只不过长处、优点有大有小、有多有少、有隐有显罢了。只要你细心，就随时能发现别人身上可赞美的"闪光点"。即使缺点较多或长期处于消极状态的人，只要稍有改正缺点、要求上进的可喜苗头，就应及时给予肯定、赞扬。须知你不仅仅是在肯定、赞美某一个人，而是在为你的人际关系添砖加瓦。

每个人都希望得到别人的赞美，对别人有一份期待，希望得到他人的尊重。因此，只要你的嘴巴“甜”一点，会说话、说好话、巧说话，适时给人送去夸奖和赞扬，让别人心里感觉舒服、受用，自然就能融洽双方的关系，求人办事时就能左右逢源。

抓住心理，让对方人品闪光

裴宽曾在唐代润州刺史韦诜的手下当参军。有一次，韦诜看到裴宽住宅后园中有很多人在手忙脚乱地掩埋什么东西。韦诜感到很奇怪，就把裴宽叫来询问是怎么回事，裴宽诚实地回答道："宽义不以包苴污家，适有人以鹿为饷，致而去。不敢自欺，故瘗之。"韦诜听后，为其高尚情操所折服。马上把裴宽提拔为按察判官，并决定把自己的女儿嫁给他。韦诜回到家中，喜不自禁地告诉妻子此事，并赞不绝口地说："我们一直想找一个好女婿，如今终于找到了。"随后，婚礼举行，韦诜的亲戚前来祝贺。但看到裴宽长得又高又瘦，相貌丑陋，有人窃笑不止，把裴宽叫作"绿鹳雀"，令裴宽很尴尬。韦诜却不以为意，当众夸奖裴宽的品德高尚，并说："爱其女，必以贤公侯也，何以相貌求人？"

此典故说明：第一，韦诜作为上级，对下属的考察注重品格。高尚的品德，是严于职守的前提，只有品格高尚的人，才会克己奉公，为民而吏。这也从另一方面反映了韦诜自身的品德高尚，赞美年轻人注意对其内在品质的认可和赞赏，才会使你的赞美成为真正驱使他进步的动力，鞭策其进步。裴宽后来官至尚书。《史书》记载说，裴宽"为政务清简，所莅人受之，世皆冀其得宰相。"第三，韦诜作为父亲，为女择婿，不重其貌却重其德，这无疑是对裴宽高一层的评价，是一种发自内心深处的对其灵魂的赞赏，也是对裴宽的另一种形式的赞美和鼓励。

人品是一个人重要的基本素质。在现实生活中，高尚的品格表现非常广泛，如善良、勤劳、乐于助人、公正廉洁、爱国、爱人、勇于牺牲等等。人品反映的是一个人的内在修养，他为人处世的基本原则、倾向和态度。

中国自古就是一个重伦理、重道德的国度，人品更是人们关注的焦点。一个人可以没有漂亮的容貌，可以没有超人的才能，也可以不要权力和金钱，但不可无好的人品。衡量一个人，往往不是先看其相貌，也不先看其能力，首先是看其人品。好的人品受到广泛的称赞，处处受到人们的欢迎。差的人品则将为社会所谴责，甚至被千夫所指，遗臭万年。人品好的人被奉为“君子”，人品差的人则被斥为“小人”，并有“近君子有仁有义，远小人无事无非”的古训。因而，赞美别人时，就应抓住我们的民族心理，多赞美其人品。赞美别人的人品，也同时表现了我们对良莠的分辨、判断能力，显示了自己的人品。俗话说：“物以类聚，人以群分。”即是说，君子往往是一个阵营，而品行低劣的小人也往往在一处凑合。惺惺惜惺惺，唯有自己品行高尚，才会由衷地、真诚地赞美别人的人品，推崇正人君子。

从心理上讲，当别人关注或赞美自己的成绩、权力和财富时，往往有些戒备心理，恐怕别人的话里暗含着嫉妒甚至杀机。但当别人赞美自己的品德时，无疑是说自己是个好人，没有谁不愿意听的。人人需要赞美，人人也需要赞美别人，人品尤其如此。

赞美他人的人品时，要注意：

第一，必须对你所赞美的人有全面而深入的了解。

如果对一个人只是一面之交，或知之不深，就仅凭你的直觉和经验赞美其品质，而不知其公众形象如何，往往会失之偏颇。一个人的品格，在熟知他人的范围内，其人品如何，公众的看法基本一致。你的赞美如果不恰当，不仅难以得到赞美的效果，反会引起非议。若此君恰巧形象不佳，更会招来“臭味相投”“一丘之貉”的罪名。

第二，不要乱做比较。

每个人都很重视别人对自己人品的评价，如果在赞美别人人品时拿别人做垫子，是很不明智的。在场的人可能会跟你翻脸，不在场的人可能会有人去打“报告”，这样的赞美定会让你损失惨重。

第三，在一些场合不要当众赞美一个人的人品。

现在，各单位矛盾重重，你若大张旗鼓赞美一个人的人品，往往会被看成是“一个鼻孔出气”，猜疑你拉帮结派。你想表达对同事人格的敬仰，不妨私下悄悄交流。家庭内部，成年的兄弟姐妹、妯娌、连襟之间，差异甚至隔阂是不可避免的。人人都崇尚正大光明，但有些事情反而偷偷去做更合适，赞美有时就是这样。

不落俗套的赞美使人愉悦

赞美别人，很多人认为只要说出赞美的话就行了，或者只要真诚就行，然而不是所有的赞美都能产生它应有的作用。有的赞美无法引起被赞美者的注意，甚至会令他们厌恶。所以，赞美也要讲究技巧，因为千人千面，没有谁会喜欢千篇一律的赞扬话。既然要赞美，就要达到赞美的目的，使对方从你的赞美中感受到快乐、满足，要不落俗套，从而让对方感受到你真诚的心。举例来说，赞美女性，她们最喜欢的话语往往是：脸庞美丽，性格温柔，身材苗条，服饰漂亮，等等。但是，每一个见到她们的人都这样说，自然会令她感到听觉疲劳，无法引起她们的好感，这样的赞美就只是在浪费唇舌。所以赞美别人也要讲究不落俗套，这样才能让对方对你的赞美记忆深刻，从而缩短彼此沟通的距离。

对于著名指挥家的演出，每个人都给予了很高的评价。对于指挥家来说，每次演出结束，他都能听上百句赞美的话，所表达的意思也是大同小异，因此这样的赞美已经让他麻木。语言没有什么特殊之处也就意味着在指挥家的眼里没有特别之处，一切交往也就流于表面的客套，就像指挥家对大家彬彬有礼的答谢。然而，朱莉的一句“你很帅”却让指挥家眼前一亮，别有新意的一句话一下子让朱莉的形象印在指挥家的心中，并在之后的交往中把她当成挚友。可见，不落俗套的赞美能一下子说到别人的心坎里，就像一张通行证能迅速打开沟通之门。

说一句赞美的话不是什么难事，但是通过一句赞美的话就让别人记住你却并不容易，是要下一番功夫才行的。下面简单介绍赞美的几种技巧：

1. 在其背后赞美

2. 从否定到肯定
3. 借别人之口
4. 赞其得意之处
5. 要夸到点子上
6. 称赞其不被人注意之处
7. 在众人面前赞美
8. 刻意制造“意外”

我们在日常交往中，如能注意观察，并对那些被我们忽略了的优点、美德加以及时赞扬，往往比赞扬那些人所共知的优点效果更好。如一位著名科学家、著名演员或著名作家，或在某些方面有较突出成就的普通人等，他们在各自的领域里都颇有建树，而对他们在各自领域里所取得的成绩的赞美声也就会不绝于耳。那么，我们不妨另辟蹊径，如赞扬他们和谐的家庭生活，他们漂亮的衣着打扮，他们亲切的微笑，以及优秀的品格等，这样肯定会使他们喜悦倍增。

赞美要懂得恰如其分

人们喜欢恰如其分的赞美，不喜欢海阔天空的乱吹。你如果说一个丑人长得漂亮他会以为你是在讽刺他。不适度的赞美就如毒药，不但会引起对方的反感，还会使刚开始的沟通走向结束。原一平刚进入办公室时夸赞老板的话就起到了很好的作用，老板热情亲切地招待了他，请他坐下，愿意花时间耐心地听他说话，但是随后他不断地找话头来赞美，这种夸张的感情流露让那位老板厌烦，感觉他的赞美很轻浮，缺乏真情实意，从而对他这个人也轻视起来。

可见，赞美犹如煲汤，掌握好火候是关键要素。恰到好处的赞美可以让对方感到舒服，也会为自己树立一个良好的形象，感到自己赞美的诚意；相反，过度的、没完没了的赞美除了让对方感到你的虚情假意之外，还会有拍马屁之嫌，结果只能令人厌烦。

过度赞美不但不会让被赞美者感到自豪，反而会让对方感觉你虚情假意，觉得自己稍不留神就会等来“蜜糖加棒子”——先是把自己夸奖得轻飘飘，然后再将真实目的暴露出来。这样做会让被赞美者有一种“掉进别人预先挖好的陷阱”的错觉。而丝毫没有被赞美的快意。所以掌握好赞美的尺度非常重要。

恰如其分的赞美才是真正的赞美。赞美时使用过多的华丽辞藻，对别人进行空洞的吹捧和过度的恭维只会使对方感到不舒服，甚至厌恶、反感。其结果适得其反。

要想表达你的适度而得体的赞美之词，应注意以下几点：

1. 换个角度

赞美用得巧妙可以起到意想不到的效果。

有个笑话说，两个书生刚被任命去做县官，赴任之前，去拜访主考老师。老师对学生说：“如今世上的人都不走正道，逢人便给人戴高帽子，这种风气不好！”一个书生说：“老师的话真是金玉良言。不过，现在像老师您这样不喜欢戴高帽子的能有几个呢？”老师听了非常高兴。这个书生出来以后，对另一个书生说：“高帽子已经送出一顶了。”

可见，一个人不喜欢别人乱戴高帽子，但换一个角度给他戴个高帽子，他还是会笑纳的。

2. 过犹不及

赞美虽好，但用得过多也会如吃多了肥肉一样让人腻烦。有些人时刻将赞美之词挂在嘴边，看到谁都要赞美一番，赞美时都要说上一大堆。殊不知，时间长了，别人就会觉得你的赞美像鸡肋，食之无味，甚至如同嚼蜡。你再赞美别人也就不起作用了。所以赞美的话无须多，精妙的赞美只一句就够了。

当然，赞美要适宜，并不是不鼓励赞美，而是该赞美时要毫不吝啬地赞美；不该赞美时，要适可而止。

3. 恰到好处

要想使赞美真正起到作用，还得注意在赞美时做到恰到好处、大方得体。人都爱听好话，但是每个人愿意接受的赞美语言是不同的，如果不能恰到好处，是难以起到改善关系、促进沟通的作用的。

在赞美时，不要盲目地使用一些自认为是赞美的词语，应了解听者的背景、脾性、爱好等，从听者可以认同的角度给予赞美，这样才会让赞美的声音走进听者的内心。

4. 符合实际

每个人的境况各不相同，赞美时要因人而异。如果我们见到一位长相一般的女士，说“你很漂亮”，对方会觉得你是在讥讽她的长相，刺激她的自尊心，沟通就无法进行。你应该从她的内在修养出发，关注她的品位、女人味、素质、举止等，这些话她肯定会欣然接受，并对你产生很好的印象。在称赞男士的时候应集中在他的工作能力和成就上，不要总是说一些“你很帅!”“你很有才!”之类的话。这样会让对方觉得赞美的话没有分量。你可以侧重于事业方面，比如“你将来一定前途无量”“你的能力太强了”等。如果是稍上年纪的男士，他们一般喜欢别人称赞他的努力过程、社会地位以及个人成就等，可以说“不知道哪天我可以像您一样这么有成就”“能不能向您请教一下，您是怎样才有今天的成就的”等。从实际情况出发，说出得体的赞美，满足他的期望，是不错的赞美方式。

5. 赞美要扬长避短

赞美要关注别人的长处，不要提及别人的短处，不要哪壶不开提哪壶。比如：当看见一个丑陋的人穿着漂亮的衣裳，我们可以赞美衣裳如何华丽，却没有必要说“穿着龙袍也不像太子”的话；当看到一个美女和一个糟老头在一起，我们可以赞美美女，却没有必要说“鲜花插在牛粪上”“老牛吃嫩草”之类的话；遇到那些孤芳自赏、自恋成狂的人我们可以赞美他们的自信，却没有必要说“夜郎自大”之类的话。

总之，对他人的赞扬一定要适度，因为适度的赞扬会使人心情舒畅，否则就会使人感到难堪、反感，或觉得你在拍马屁。可以说合理地把握赞扬的“度”是一个必须重视的问题。

心理学中的赞美陷阱

每个人的性格、价值观和世界观不同，对于事物的接受程度也有差异。所以，每个人喜欢的赞美方式也不相同，有的喜欢含蓄，有的喜欢直露。如果不根据他们个人的特点来赞美，就会给人以轻浮之感，觉得你的赞美没有价值，更不要说给人以鼓励，增进彼此的好感了。赞美要有新意才会得到对方的认同。陈词滥调每个人都会背，这样的赞美会引起人的反感，要引起对方注意，必须有别具一格的赞美语言。

有人说，赞美是所有声音中最甜蜜的一种，赞美应该给人一种美的感受，但很多人的赞美语言乏味，净是些陈词滥调，不切合实际，甚至会冒犯他人。赞美常见的误区主要有：

1. 公式化的套词空话

一些初涉社会交际圈的青少年很容易犯这种忌讳，自己没有社交经验，见面就是久仰大名、如雷贯耳、百闻不如一见、生意兴隆、财源茂盛等俗不可耐、味同嚼蜡的恭维。这种公式化的套词给人不冷不热的印象，使人感觉对方缺乏诚意，完全是在应付了事。这样的赞美毫无新意，不但有逢迎拍马之嫌，还会让人觉得在讽刺自己。

公式化的套词空话，有时还会冲撞别人的忌讳。一位年轻小伙子到同学家去玩，见到同学的哥哥后上去就来了一套公式："大哥你好，见到你真高兴！久闻你的大名，如雷贯耳，百闻不如一见！"没想到对方的脸从头红到脖子。原来，他同学的哥哥因打架斗殴被拘留了15天，刚出来。这个年轻小伙子根本不明情况就"久闻大名"地恭维了一番，无意中揭了对方的伤疤。

2. 鹦鹉学舌，学别人说过的话

一些人在公共场合赞美别人时，自己想不出怎样赞美，只能跟着别人学话，附和别人的赞美。常言道：别人嚼过的肉不香。古时候，朱温手下就有一批鹦鹉学舌拍马的人。一次，朱温与众宾客在大柳树下小憩，独自说了句："好大柳树！"宾客为了讨好他，纷纷起来互相赞叹："好大柳树"。朱温看了觉得好笑，又道："好大柳树，可作车头。"实际上柳木是不能做车头的，但还是有五六个人互相赞叹："好作车头。"朱温对这些鹦鹉学舌的人烦透了，厉声说："柳树岂可作车头！我见人说秦时指鹿为马，有甚难事！"于是把说"可作车头"的人抓起来杀了。

中国人有个传统就是别人赞美自己时，自己往往都要谦虚一下。如果是在人多的场合，大家众口一词地赞美某个人的同一件事，就会使他陷入很不自在的境地，越是最后几个赞美的，越让他感到厌烦。

3. 不懂装懂

一位商人很喜欢收集某位画家的画，在画展上商人看着这位画家的展画赞叹不已，画家在旁边听着心里很是高兴。但商人突然又赞扬道："这幅画真漂亮，很有美国画家莫奈的神韵。"听到这句话，画家鄙视地看了一眼商人，莫奈是法国印象派画家，而他这幅画更多的是采用了意识流的手法，和印象派画风虽同实异。于是画家和他的合作伙伴专门交代，如果这位商人要收藏这幅画，就说已经有人全部预订了。在画家看来，不懂画的商人是没有资格收藏他的画的。

赞美他人必须建立在相对了解的基础上，特别是一些专业知识很强的信息，如果我们不懂却充当行家，只会让自己出尽洋相。在现实生活中常会发生这样的情况，为了显示自己的才学，对于自己不了解的东西妄加赞扬，觉得这样的赞美不仅彰显了自己的知识水平，也夸奖了对方，为自己赢得好感。其实，这样不仅不会为自己赢得较好的评价，反而会显露出自己的粗浅。懂行才能抓住重点，才能把话说到点子上。所以，对于自己不知道的领域，不要急着赞美，先做一些功课，这样既是对别人的尊重，也是对自己的尊重。

4. 仅仅说些限于别人专长的话

每个人都有一技之长，大家往往很容易发现这一点，赞美其专长的人也最多。时间长了，被赞美的人听腻味了，对这方面的赞美也就不起作用了。比如一个画家，人们肯定都关注他的画技，对书法家人们可能仅赞美其书法水平。

常言道：好话听三遍，听多了鬼也烦。我们可以赞美别人专长以外的东西，比如业余爱好等。聪明的人善于实施“迂回赞术”，围绕对方关注的但又不是专长的方面进行赞美。举个例子说，大家都知道空姐们既漂亮又热情周到，所以听到乘客对自己容貌和服务方面的赞美太多了，可以说耳朵也起了茧子。一次一位黑人先生在下飞机时，很激动地对中国空姐赞美道：“我在国外坐了这么多次飞机，第一次遇到对我们黑人这么友好的服务小姐。”这位黑人先生没有赞中国空姐漂亮，也没有赞其服务水平有多高，而是换了个角度称赞中国空姐没有民族歧视的伟大品格，可谓别出心裁。

5. 不愿自我贬低

人常说：“休要长他人志气，灭自己威风。”所以一般人对于自己，总是拼命抬高身价；对于别人，总是吹毛求疵。这种人在现今社会是很难立足的。只有适当长他人志气，灭自己威风，才能使自己获得更大好处。俗语说：“人捧人，越捧越高。”你也高，他也高，这不是人己两利的事吗？

在现实生活中，有许多人不肯“捧”人，第一是误认为“捧”人就是献媚，有损自己的人格；第二是自视清高，觉得一般人都比不上他；第三是怕别人胜过了自己，弄得相形见绌。如果能够摒弃这种不健康的心理，用心研究如何“捧”人的方法，必然能领略到其中的好处。

其实，在某些时间、场所，人们的确不能坦然对他人说出礼貌性地赞美之词。在这种情况下，不妨换个方式来表达，效果是同等的，甚至会超出所期望的效果。

这个诀窍就是“贬低自己”。就像跷跷板，如果一边贴地，另一边必定是荡在高空。这种“跷跷板原理”同样也能应用在人际关系上，亦即适时地贬低自己，将能相对地捧高对方。即使是不善言辞或不善于称赞的人，也能轻而易举地使用这种方法达到高捧他人的目的。

进一步说，如果对他人采取轻视的态度，这对自己绝无半点儿好处。因为你刺伤他的自尊心，他自然而然会对你产生敌意。影响所及，你的人际关系必定一落千丈，连带造成你事业发展的不顺利。

批评心理：换个方式谈不满

我们对别人进行忠告也好，批评也罢，都要明确一个目的：为了教育，使对方的行动方向按我们的愿望改变。如果不能起到这个作用，倒不如沉默的好。有些上司未经事先考虑，就随便说些下属该如何如何做的话，这是很盲目的——他不清楚自己向部属提出的忠告或批评究竟会有什么效果或反应。

殊不知每个人都有自尊心，这往往妨碍他们去接受批评。所以，上司在批评的时候，必须使受批评的下属理解他的出发点，是为了集体好，也是为了下属本人好，其中并无个人成见，这样才有积极的作用。

“真没见过你这样的糊涂虫！”“你不想干可以到别的地方去！”这类批评语是不可取的，因为它只能刺伤对方的自尊心，激起对方的反感。

“你没有必要沮丧”，这样的话能使被批评者知道你对他还是尊重的；“如果你认为我说的有道理，你就听听吧。”“我希望你不要让我失望。”这类话也可以使被批评者感到你的温情。

忠告或批评必须选择恰当的时机，最好是选择没有第三者在场的场合，否则他会认为你是故意让他当众出丑，从而增加被批评者的抗拒心理。

某单位的员工迟到早退的现象相当严重，上司终于忍不住要说话了。如果态度和蔼，事情还容易过去；如果态度粗暴，甚至以威胁的口吻说话，那么，被批评者可能也会强硬地说：“既然你对我不满意，那我不干好了。”这样上司就有可能下不来台。

按一般情理，迟到者不论其理由如何，也绝对不要视迟到为好事，虽然没向上司说声抱歉，但心理上总是不安。在这种情况下，你应当抓住人性的共同弱点，采用温和的语气说：“很对不起，我不了解你有什么困难，如果能够克服的话，我请你注意一下影响。我知道你住得远，交通又拥挤，不过我仍然要拜托你，能不迟到尽量不迟到。”

现在我们来看美国总统柯立芝是怎样运用赞美来批评别人的。

柯立芝有一位漂亮的女秘书，人长得十分漂亮，但工作中常常粗心大意。一天早晨，柯立芝看见秘书走进办公室，便对她说：“今天你穿的这身衣服真好看，正适合你这样年轻漂亮的小姐。”

这几句话出自柯立芝之口，简直让秘书受宠若惊。柯立芝接着说：“我相信你的公文处理也能和你的人一样漂亮的。”果然从那天起，女秘书在公文上就很少出错了。

一位朋友知道了这件事，就问柯立芝：“这个方法很妙，你是怎么想出来的？”柯立芝得意扬扬地说：“这很简单，你见过理发师给人刮胡子吗？他要先给人涂肥皂水，为什么呀，就是为了刮起来使人不痛。”

用赞美给批评里面加点蜜，使对方被“刮”时感觉不到痛，这正是批评的最高境界。那么，如何运用呢？

首先，讲讲你自己的缺点和错处。假如从一开始就比较谦逊地承认自己也犯过错误，然后，再指出被批评者的过失，这样被批评者会更容易接受你的批评。这往往能给对方这样的心理暗示：你和他一样是犯过过失的人，会激起他与你的“同类意识”。在此基础上再去批评对方，他就不会有“面子有损”的顾虑，因而也就更容易接受你的批评了。

其次，别当面指责他人。当面指责他人，只会造成对方顽强地反抗，而巧妙地暗示对方注意自己的错误，则会受到爱戴和喜欢。人都是有自尊心和荣誉感的，有的人之所以不愿意接受批评，主要是自尊心太强、爱面子。为此，我们在批评他人时，要尽量寻找一种不同于直接批评，却能达到批评他人使其改正错误的方式，这种最高效最令人接受的批评方法无疑便是赞美了。

最后，尽量温和，注意用语。赞美式批评，最忌讳的便是大发雷霆。有些人所犯的过失对我们可能是直接的伤害，作为批评者往往容易发怒。但是，愤怒并不能解决问题。而且，大发雷霆会严重地伤害到对方的自尊心，引发更强的抗拒心理，不利于问题的解决。所以，在批评的语气上要尽可能温和含蓄。比如，要对方改正错误，用请求的语气说“请你做一些修改好吗?”这就比说“你马上给我改正过来!”更容易让对方接受。

然而实际生活中，很多人喜欢用“相互比较”来批评对方，尤其是家长在批评自己的孩子时，常拿某个好孩子来对比，殊不知“相互比较”更容易适得其反，更容易造成孩子的自卑心理。

批评也是引导，是一种警醒性的引导。要想指出一个人的过错而又不伤感情，甚至让对方心存感激，最有效的方式莫过于赞美对方，用“糖衣炮弹”的方式间接地暗示对方，这才是批评的艺术。

第七章
减轻心理压力，轻松沟通幽默说

减轻心理压力，让生活充满轻松的沟通。人们都喜欢听幽默的语言，说服中有了幽默，会让艰难的思想工作变得轻松；劝导中有了幽默，会让固执己见的人笑纳意见；谈判中运用幽默，会让剑拔弩张的对手握手言欢。

幽默是人际沟通中的润滑剂

生活中需要幽默就如同鱼需要水、树木需要阳光一样。一个幽默的人，能让人开怀大笑，从而使他在人际交往中魅力无穷，倍受欢迎。一般来讲，一个人的谈吐仪态自然优雅、机智诙谐、风趣、懂得自嘲、引人发笑，我们都可称之为幽默之人，而能善用比喻，将有趣的故事导入主题，更能令人印象深刻。

幽默在人际交往中的作用是不可低估的。美国一位心理学家说过："幽默是一种最有趣、最有感染力、最具有普遍意义的传递艺术。"幽默的语言，能使社交气氛轻松、融洽，利于交流。人们常有这样的体会，疲劳的旅途上，焦急的等待中，一句幽默话，一个风趣故事，能使人笑逐颜开，疲劳顿消。在公共汽车上，因拥挤而争吵之事屡有发生。任凭售票员"不要挤"的喊声扯破嗓子，仍无济于事。忽然，人群中一个小伙子嚷道："别挤了，再挤我就变成相片啦！"听到这句话，车厢里立刻爆发出一阵欢乐的笑声，人们马上便把烦恼抛到了九霄云外。此时，是幽默调解了紧张的人际关系。

幽默能表达人与人之间的真诚、友爱，能沟通心灵，拉近人与人之间的距离，填平人与人之间的鸿沟，是希望和他人建立良好关系不可缺少的东西。特别是当一个人要表达内心的不满时，如果能使用幽默的语言，别人听起来会顺耳一些。当一个人需要把别人的态度从否定改变到肯定时，幽默具有很强的说服力。当一个人和他人关系紧张时，即使在一触即发的关键时刻，幽默可以使彼此从容地摆脱不愉快的窘境或消除矛盾。所以，幽默是人际沟通的润滑剂。

幽默的人的朋友往往也多，朋友多了路好走。因为幽默，初次和陌生人见面的时候很容易给对方留下较为深刻的印象，这对于身在职场中的我们来说是一件很好的事情，因为说不定哪一天我就会有求于别人。幽默的人平易近人，比较容易和他人相处，也比较有利于建立持久牢固的人际关系。

人际关系是幽默大显身手的好地方，妙语连珠、谈笑风生是接通感情热线的关键。在产生误会、摩擦、矛盾的情况下，缺少幽默感的人，往往会把事情弄得一团糟；只有有幽默感的人，才能机智敏捷地道出别人的不足，在微笑中表明自己的观点，从而使误会得以缓解和消除。可以说，幽默是调节人际关系的润滑剂。

一天，英国著名的文学家萧伯纳在街上行走。突然，他被一个骑自行车的“冒失鬼”撞倒在地，幸好没有受伤，只是虚惊一场。骑车的人急忙把他扶起来，连声道歉，为自己的冒失感到自责。可是萧伯纳却略显惋惜地说：“先生，你的运气真不好。如果你把我撞死了，你就可以名扬四海啦！”萧伯纳的这一句幽默妙语，表现了自己的大度，用自己的友爱和宽容，把自己和肇事者从这种尴尬、紧张的窘境中解放出来，使这件事得到了友好的处理。

社会环境的瞬息万变，工作效率的急剧提升，让人们经常感到一种心理压力和焦虑。此时，幽默是最好的“减压阀”，它不仅使你心情变得轻松愉快，还能使你在交际中左右逢源，马到成功。

马克·吐温便是一个深谙此道的幽默之人。有一次，他要去一个小城，临行前别人告诉他，那里的蚊子特别厉害。到了之后，正当他在旅馆登记房间时，一只蚊子在马克·吐温眼前盘旋，这令旅店职员尴尬万分。马克·吐温却满不在乎地说：“贵地蚊子比传说中的不知聪明多少倍，它竟会预先看好我的房间号码，以便夜晚光顾、饱餐一顿。”一句话逗得服务员不禁哈哈大笑。结果，这一夜马克·吐温睡得十分香甜。原来，当天晚上旅馆全体职员一齐出动，驱赶蚊子，免得这位受人欢迎的大作家遭受蚊虫叮咬。幽默，不仅使马克·吐温拥有一群诚挚的朋友，也因此得到陌生人的“特别关照”。

对于男性来说，幽默也是和女士拉近距离的一个手段。有句话是这么说的：如果你能让一个女士连续笑三次，那么她对你的防范之心就会降低很多。

幽默的语言是人们自然感情的流露，它必须有深刻的思想意义，它的运用要服从于思想、情感的表达。仅以俏皮话、耍贫嘴、恶作剧来填充幽默的不足，换取廉价的笑是浅薄的。

幽默作为人际沟通的润滑剂，它能让你向别人展示自己的真诚和友善，使双方的相处更和谐，减少人们之间的摩擦，提高沟通的质量。

保持你的幽默感

在你身边，什么样的人最受欢迎？很多人一定会回答：有幽默感的人。

因为有了幽默感，他们更善于与其他人沟通，即便表达反对意见也不让人反感；因为有了幽默感，他们总会成为聚会的主角，人人都愿意和他们聊上几句；因为有了幽默感，尴尬时刻他们总会自嘲，就算是在公共场合摔跤，也能一笑化解……

幽默不仅能带来欢乐、消除敌意，也是维持身心健康的一剂良药。但是，最近的一项社会调查却显示，中国人是幽默感的"贫民"。中国人是不重视幽默的民族，从小到大的教育里，总是强调"庄重""认真"等，无形中扼杀了许多人的幽默细胞。

35 岁的张华是一家企业的部门经理，虽然工作很努力，但总有同事说他太严肃刻板。"平时大家有说有笑时，只要我一插话，马上就没人笑了。后来我上网学了不少笑话。"张华对记者说，有一次他看了一个笑话，特别得意地跟同事讲：养鱼挺麻烦的，每周要换一次水，我经常忘记。后来就只好每周换一次鱼了。但是大家都愣了一下，才开始笑。"想逗乐反而弄得大家更尴尬了。"

中国人对幽默有两大误解，一是认为幽默就是要会讲笑话、耍嘴皮子、逗大家开心，二是认为幽默登不上大雅之堂。很多人认为搞笑就是幽默，这是完全错误的。真正的幽默，应该是充满大智慧。

很多人经常认为幽默是天生的，抱怨自己没有幽默细胞。其实只要我们留心那些幽默感十足的人，就会发现他们的心理素质一般都优于常人，而良好的心理素质也不是天生的，需要后天的锻炼和培养。

冷静也是幽默高手的一项心理特质。冷静，是使人们的智慧保持高效和再生的条件。因为只有在头脑冷静的情况下，人们才能迅速认准并抑制引起消极心理的有关因素，同时认准和激发引起积极心理的有关因素。

英国首相威尔逊在一次群众大会上演讲时，反对者在下面鼓噪，其中一人高声大骂："狗屎、垃圾！"面对听众可能产生的误解和骚动，威尔逊首相沉稳地报以宽厚的微笑，非常严肃地举起双手表示赞同，说："这位先生说得好，我们一会儿就要讨论你特别感兴趣的脏乱问题了。"捣乱分子顿时哑口无言，听众则报以热烈的掌声。

再者，乐观是幽默高手具有的另一个重要素质。俄国著名寓言作家克雷洛夫早年生活穷困。他住的是租来的房子，房东要他在房契上写明，一旦失火，烧了房子，他就要赔偿 15000 卢布。克雷洛夫看了租约，不动声色地在 15000 后面加了一个零。房东高兴坏了："什么，150000 卢布？""是啊！反正一样是赔不起。"克雷洛夫大笑。

幽默感的内在构成，是悲感和乐感。悲感，幽默者的现实感，就是对不协调的现实的正视。乐观，是幽默者对现实的超越感，是一种乐天感。没有幽默感的人不会积极地看待这个世界，不会乐观地看待自己的生活。当然乐观不是盲目的，而是有所依附，是一种透彻之后的豁达。乐观地看待你的生活，幽默自然而生。

良好的心理素质是幽默的根基，幽默的主干是广博的知识。幽默的思维经常是联想性与跳跃性很强，如果不具备广博的知识，你的思维跳来跳去也就那么大的一块地方。因此，提高自己的幽默水准，需要不断地拓展知识门类和视野，提高对事物的认知能力。

风平浪静的水面，投进一块石头，就会一下子发出响声。常规思维的心理，被超常的信息搅扰，也会引起心波荡漾、心潮起伏、心花怒放。奇异、巧妙、荒谬就是这种超常的信息，就是幽默致笑的要因，也是我们学会幽默应把握的要诀。

说来说去，幽默其实与人的气质培养类似，而幽默本身也是一种独特的性情气质。如果你知道一个人良好的气质该如何培养，应该也能联想到一个人高超的幽默感是如何拥有的。

巧用幽默表达不满

幽默是人们为改善自己情绪和面对生活困境时所产生的一种需要。当一个人要表达内心的不满时，如果能使用幽默的语言，别人听起来会顺耳一些；当一个人和他人关系紧张时，即使在一触即发的关键时刻，幽默可以使彼此从容地摆脱不愉快的窘境或消除矛盾。一般说来，表达不满的幽默方式有以下几种：

1. *以柔克刚*

一位曾姓女士因公出差，在火车上与一位看上去很有涵养的男士坐在一起。这位男士主动和她搭讪，曾女士觉得一个人干坐着也挺乏味的，于是就和他攀谈起来。

开始时这位男士还算规矩，和曾女士只是谈谈乘车难的感受以及对当今社会上一些不合理现象的看法。谈着谈着，这位男士话题一转，问道："你结婚了吗？"

曾女士一听，好感瞬间没了，但又不便发作。于是她态度平和地说："我听人说过这样一句话，前半句是'对男人不能问收入'，所以我才没有问你的收入；后半句是'对女人不能问婚否'，所以你这个问题我是不能回答了！请原谅。"那位男士听曾女士这么一说，也觉得有点唐突，尴尬地笑了笑，不再说话了。寥寥数语，既表达了对对方失礼的不满，又没有令对方下不来台，可谓一举两得。

2. *名褒暗贬*

1952年，正在苏联莫斯科访问的美国总统尼克松将去苏联其他城市访问。苏共总书记勃列日涅夫到莫斯科机场送行。正在这时，飞机出现故障，一个引擎怎么也发动不起来。机场地勤人员马上进行紧急检修。尼克松一行只得推迟登机。

勃列日涅夫远远看着，眉头越皱越紧。为了掩饰自己的窘境，他故作轻松地说："总统先生，真对不起，耽误了您的时间！"一面说着，一面指着飞机场上忙碌的人群问："您看，我应该怎样处分他们？"

"不，"尼克松说，"应该提升！要不是他们在起飞前发现故障，飞机一旦升空，那该多么可怕啊！"

3. 引人就范

一次，著名的德国作曲家勃拉姆斯参加一个晚会。不曾想，晚会上他遭到一群厚脸皮的女人的包围。他一边礼貌地应付，一边想解脱的办法，忽然他心生一计，点燃了一支粗大的雪茄。很快，有几个女人忍不住咳嗽起来，勃拉姆斯照样泰然地抽他的雪茄。

终于有人忍不住了，对勃拉姆斯说："先生，你不该在女人面前抽烟！"

"不，我想，有天使的地方不该没有祥云！"勃拉姆斯微笑着回答。

勃拉姆斯用幽默的语言，使自己从无奈的纠缠中解脱了出来。

4. 以退为进

齐国晏子出使楚国，因身材矮小，被楚王嘲讽："难道齐国没有人了吗？"

晏子说："齐国首都大街上的行人，一举袖子能把太阳遮住，流的汗像下雨一样，人们摩肩接踵，怎么会没有人呢？"

楚王继续揶揄道："既然人这么多，怎么派你这样的人出使呢？"

晏子回答说："我们齐王派最有本领的人到最贤明的国君那里，最没出息的人到最差的国君那里。我是齐国最没出息的人，因此被派到楚国来了。"

几句话说得楚王面红耳赤，自觉没趣。晏子的答话就是采用以退为进之法，貌似贬自己最没出息，所以才被派出使楚国，这是"退"，实则是讥讽楚王的无能，这是"进"，以退为进，绵里藏针，使楚王侮辱晏子不成，反受奚落。

5. 以喻止兵

生物学家巴斯德一次在实验室工作时，突然一个男子闯了进来，指责他诱骗了自己的老婆。争论中对方提出要决斗。清白占理的巴斯德完全可以将对方赶出门去，但是那样并不能解决问题，甚至会造成两败俱伤的恶果。这时候巴斯德沉着地说："我是无辜的……如果你非要决斗，我就有权选择武器。"

对方同意了。

巴斯德指着面前的两只烧杯说："你看这两只烧杯，一只有天花病毒，一只只有清水。你先选择一瓶子喝掉，我再喝余下的一瓶，这该可以了吧？"那男子怔住了，他一下子陷于难解的死结面前，只得停止争论与挑战，尴尬地退出了实验室。

6. 声东击西

一次，英国戏剧家萧伯纳的脊椎骨有病，去医院检查。医生对萧伯纳说："有一个办法，从你身上其他部位取下一块骨头来代替那块坏了的脊椎骨，"并说，"这手术很困难，我们从来没有做过。"医生的本质意思是，这次手术所要收取的费用非同一般。

萧伯纳并没有与医生争论，也没有表示不满、失望，只是幽默地淡淡一笑说："好呀！不过请先告诉我，你们打算付给我多少手术试验费？"

一个很棘手的问题，被萧伯纳处理得极其巧妙，从而避免了不愉快的争执。

7. 化解困境

小李在一家合资公司作设计员，他起草的一份资料因时间很久了，以为上司不再需要，就没有保存。岂知一次上司突然向他索要，他一时也记不起资料的去所，便托词"放在家里了"，随后抽时间再重新做了一份以应急。同室的小张因嫉妒小李，正愁没地方发泄，当他知道了这一秘密后，便忙向上司检举，惹得上司批评小李："丢失了资料为什么还隐瞒呢?”好在小李比较冷静，他坦率地向上司承认了自己的过失。下班后，小李明知小张使绊却未向他兴师问罪，反而风趣地说:“看来，我寻找资料的速度，到底赶不上老总的两只耳朵啊。”小李借说“老总的耳朵”来暗中讽刺小张，实际上也暗示了自己知道是谁告的密，给了对方一个小小的警告。

8. 引蛇出洞

一次，鲁迅到一家门面堂皇、装修华丽的理发店理发。理发师见来客一副穷酸模样，打心底瞧不起他，所以冷冰冰地招呼鲁迅坐下，马马虎虎地理了几分钟就草草完结。鲁迅对着镜子照了照，不但没生气，还随手从衣袋里摸出一大把铜钱扔给理发师就离开了。理发师又惊又喜，他后悔自己有眼无珠，说不定这是位贵人呢！如果把他的头发理好些，不是能得到更多的钱?

一个月后，鲁迅又来到这家理发店，那个理发师一眼就认出了他，急忙笑脸相迎。又是奉茶，又是敬烟，并且大显身手，足足花了一个多小时，直到他感到这是自己多年来未曾有过的杰作时才罢手。鲁迅对着镜子照了照，从兜里摸出一个铜板，丢给理发师。理发师不解，鲁迅平静地说:“这次是付你上次给我乱理发的钱。你这次理得认真，钱已在上次付过了。”

幽默是人际沟通的润滑剂，巧用幽默表达一下对对方的不满，笑一笑，这事儿就算过去了，即表明了自己的立场，也维护了彼此的关系，不至于伤和气，不失为一种有效的方法。

营造轻松的谈话氛围

沟通是一门艺术，如果只遵循条条框框，见了面不管是谁，一律只问工作、爱好，不仅让人乏味，也会让谈话平平淡淡没有亮点。如果你能够适当加入幽默的元素，开个玩笑，让彼此先开怀一笑，就会让气氛活跃起来，消除刚见面的尴尬，再接下去的交往也会顺畅许多。同陌生人交谈尤其要如此。

幽默是活跃气氛的法宝，和陌生人见面若能够有分寸地、善意地开个玩笑，就有可能博得别人的好感，摆脱习惯、生疏的界限，享受到自由交谈的轻松愉快。而且，用幽默诙谐的语言其实也能表达比较严肃的内容。

真正的高手总能运用自己的聪明才智，及时而巧妙地化解不怎么愉快的场面，使那些原本不妙的事变得别有情趣。各个国家的优秀领导人都熟练掌握这一技巧。

用过于严肃的态度生活，难免太沉重；人生不如意事十之八九，若总是唉声叹气，生活必然一片灰暗。如果换一种心态，调侃一下生活，就会显得诙谐幽默，大度自然，每天都会很阳光、很光明，充满希望和快乐。会调侃的人懂得如何给生活添加佐料，受到不公平待遇也会泰然处之，即使心情郁闷，也能通过开玩笑的方式给别人传达某种信息，实质上这种人热爱生活，大智若愚，充满了人格魅力，现实生活中会得到众多朋友的喜爱，因此成功的机会自然比一般人多。

见到陌生的朋友，可以这样开场：“哦，你是四川人，看起来果然像个红辣椒啊，一定是个辣妹子！”

这样一来，轻松的谈话氛围就形成了，大家的生疏感马上消除。

幽上一默之所以能消除陌生人之间的尴尬，就是因为在初次相见的时候，彼此都不了解，大家都在揣摩对方的心思：他是不是一个高傲的人？他会不会不喜欢跟我这样的人交往？他应该眼光很高……这些猜测无形地给彼此之间加上了一道屏障，使得人们不敢与你接近。如果你能幽默地说句话，就会让人豁然开朗，给人以可亲的感觉。放下架子，才能自由交流。

但是，和开玩笑一样，调侃要有一个尺度，尤其是那些可能让对方尴尬或误会的话不说为妙。调侃自己的时候可以肆无忌惮，但用在别人身上时就一定要注意分寸了。调侃与玩笑的分寸与尺度既是一个至关重要的问题，又是一个难以把握的问题。同样的玩笑开在这儿可以，开在那儿不行，这个人可以接受，那个人或许不能承受。那么，分寸与尺度在哪儿？很显然，在对方那里。也就是说，无论我们的玩笑如何，对方不能接受那就是不合时宜，所以，入乡随俗、因人而异是诙谐、调侃的一个重要原则。我们调侃的目的在于活跃气氛，千万不要适得其反。

在社交场合，所有人都相敬如宾，总让人觉得气氛太过死板，大家的情绪太平淡，还不如吵吵闹闹更亲热。因此，若彼此谈得开心，开句玩笑、互相攻击几句，互相取笑一下，打几拳、拍两下，反倒显得亲密无间，无拘无束，气氛热烈。你可以故作滑稽，或搞出一副大大咧咧、衣冠不整的样子，向对方暴露自己的一点儿无伤大雅的小缺点。这样别人会认为你真实可爱，富有亲和力，你们的关系也会更进一步。

开玩笑也要有分寸

幽默可以调剂我们的生活，而作为其体现形式之一的开玩笑，不仅可以减少尴尬，还可以制造一种轻松的气氛，让我们在平淡的生活中过得有滋有味。但是我们知道，放调味料是有一个限度的，如果滥用，味道过重，就会让人难以下咽。所以我们在使用幽默技巧时也要掌握好分寸，否则便会适得其反。

一天，正在外地出差的王先生接到朋友的电话，朋友气喘吁吁地说："你爱人出车祸了，已经被我送进了医院，你赶快回来。"王先生立刻急急忙忙赶回。回到家中，见爱人正在和朋友聊天，才知道自己被朋友骗了。王先生立刻打电话给朋友，生气地说："你玩笑开得太过分了！"谁料朋友不但不对自己的行为道歉，反而说："愚人节开玩笑很正常。"王先生听后十分生气，啪的一声挂掉电话，此后再也不理会这位朋友。

熟悉的朋友之间常常会相互取乐，说话也不拘小节，以体现彼此之间的亲密关系。不过，凡事总要有个度，掌握不好尺度，就会好心办坏事。王先生的朋友只是想开个玩笑，但是拿王先生的妻子出车祸这件事开玩笑，却一点儿也不好笑。这样不仅没有给大家带来快乐，还使朋友之间关系僵化。可见开玩笑时，一定要掌握好尺度，不能口无遮拦。

开玩笑要把握好分寸，把握好一个度和界限。掌握好分寸的玩笑会给别人带来快乐，但是过度的玩笑可能造成反感、误解甚至仇恨，因而掌握好开玩笑的分寸，即关乎自己的形象，也会对彼此之间的关系产生影响。

那么，如何掌握好开玩笑的分寸呢？

1. 内容要高雅

开玩笑是运用幽默的语言有技巧的进行思想和感情交流的艺术，这就要求语言必须纯洁、文雅。笑料的内容取决于开玩笑者的思想情趣与文化修养。内容健康、格调高雅的玩笑，不仅能给对方以启迪和精神的享受，也是对自己美好形象的再塑造。如果开玩笑污言秽语，不仅使语言环境充满污浊的气味，对听者也是一种侮辱，至少也是一种不尊重；同时也说明自己水平不高，情趣低俗。

2. 态度要友善

与人为善，是开玩笑的一个原则。开玩笑的过程，是感情相互交流传递的过程，是善意的表现。如果借着开玩笑对别人冷嘲热讽，发泄内心厌恶或不满的情绪，甚至拿取笑他人寻开心，那么除非傻瓜才识不破。也许有些人不如你伶牙俐齿，表面上你站到上风，但其他的人会认为你不能尊重他人，从而不愿与你交往。这样，你失去的是众多的朋友。

3. 要因人而异

同样一个玩笑，能对甲开，不一定能对乙开。人的身份、性格、心情不同，对开玩笑的承受能力也不同。

一般来说，后辈不宜同前辈开玩笑，下级不宜同上级开玩笑；女性不宜同男性开玩笑。在同辈人之间开玩笑，则要掌握对方的性格特征与情绪信息。

对方性格外向，能宽容忍耐，玩笑稍微过大也能得到谅解。对方性格内向，喜欢琢磨言外之意，开玩笑就应慎重。对方尽管平时生性开朗，但恰好碰上不愉快或伤心事，就不能随便与之开玩笑。相反，对方性格内向，但正好喜事临门，此时与他开个玩笑，效果会出乎意料的好。

4. 要分清场合

在开玩笑时一定要看清场合，看这种场合是否可以开这种玩笑，一般来说，严肃静谧的场合，言谈要庄重，不能开玩笑。而在喜庆的场合则要注意所开的玩笑能否增添喜悦的气氛，如果因开玩笑使人扫兴就不好了。总的来说，在庄重严肃的场合不宜开玩笑，否则极易引起误会。工作时间，一般不宜开玩笑，以免因注意力分散影响工作，甚至导致事故的发生。

5. 要避开忌讳

开玩笑需要注意的禁忌主要有以下几点：

和长辈、晚辈开玩笑忌轻佻放肆，特别忌谈男女之事。几辈同堂时玩笑要高雅、机智、幽默、乐在其中。在这种场合，忌谈男女风流韵事。当同辈人开这方面的玩笑时，自己以长辈或晚辈的身份在场时，最好不要掺言，只若无其事地旁听就是。

和非血缘关系的异性单独相处时忌开玩笑。哪怕是正经玩笑，也往往会引起对方反感，或者引起旁人的猜测非议。

和残疾人开玩笑注意避讳。人人都怕别人用自己的短处开玩笑，残疾人尤其如此。俗话说，不要当着和尚骂秃头，癞子面前不谈灯泡。

总之，玩笑可以让我们的生活更加多彩，但开玩笑时一定要掌握分寸，适可而止才能活跃气氛，增进彼此之间的友谊。

幽默来源于生活

谁不喜欢富有幽默感的人呢？每一个人的内心都喜欢阳光与欢乐。一个富有幽默感的人，能使他人在与之相处时享受到轻松愉快的气氛，从而增添与之相处的乐趣。幽默是一种说话的艺术，懂得幽默的人，往往三言两语就使人忍俊不禁。在中国传统文艺晚会上，相声、小品之所以成为最受欢迎的节目之一，就在于它的表现形式离不开幽默。下面就让我们来学习一下幽默的几个技巧：

1. 一语双关

所谓双关，也就是你说出的话包含了两层含义：一是这句话本身的意思；另一个是引申的含义，幽默就从这里产生出来。也可说是言在此意在彼，让听者不只从字面上去理解，还能领会言外之意。

2. 正话反说

话语中所表达的里层意思与字面意思完全相反，就叫正话反说。如字面上是肯定，而意义上却否定；或字面上否定，而意义上却肯定。这也是产生幽默效应的有效方法之一。这个方法被广泛运用于相声、小品之中。

3. 有意曲解

所谓曲解，就是歪曲本意，甚至荒诞地进行解释，以一种轻松、调侃的态度，对一个问题进行解释，将两个表面上毫无关联的东西联系起来，造成一种不和谐、不合情理且出人意料的效果，幽默便产生了。

4. 巧妙解释

即对原意加以巧妙的解释而造成幽默效果。

5. 刻意模仿

刻意模仿即模仿现存句式及语气而创造新的效果，是幽默方式中很常见的一种，往往需要借助某种违背正常逻辑的想象和联想，把原来的语素用于新的语言环境中，进而产生幽默的效果。

6. 自嘲

海幂·福斯第曾经说过："笑的金科玉律是，不论你想笑别人什么，先笑自己。"自嘲，也是自知、自娱和自信的表现，自嘲本身也是一种幽默。

7. 夸张

将事实进行无限的夸张，就会造成一种极不协调的效果，而且还是喜剧效果，这效果会给人一种幽默感。

当然，幽默的方法很多，这里就不再罗列。幽默来源于生活，只要你在生活中细心观察，善于发现，幽默便无处不在。

巧对尴尬沟通逆境

在人际沟通中，我们经常会遇到一些意想不到的事情，或是自己失言失态，或是对方对自己的言行有看法，或是周围的环境出现了我们没有考虑到的因素，等等。总之，这些猝不及防的情境往往会令我们狼狈不堪。这个时候，最有效的解决方法，就是用幽默来摆脱尴尬。

但是，幽默的一条重要原则就是宁可取笑自己，绝不轻易取笑别人。自嘲式的幽默往往更能化解纠纷，使得紧张的氛围趋于轻松。而把自己的缺点暴露出来，调侃一番，不仅不会将自己的缺点放大，还会拉近彼此的距离，给自己的魅力加分。

当在工作中身陷困境，发生了对自己不利的事情时，我们要根据现场情况巧妙、及时地使用调侃的手法来调侃自己，这样可以让你放松压力，转移别人的视线，为自己摆脱困境，争取有利的局势。

有一次，中央电视台节目主持人杨澜主持一个晚会，当她走下舞台时，不慎摔倒在地。这时观众都呆住了，场面迅速冷下来，所有的人都在看着杨澜会如何收场。这时只见杨澜镇定地爬起来，然后面向观众，说："我给大家带来的狮子滚绣球节目表演得很失败，还是由我们那些专业的演员来给大家表演吧。看台上精彩的演出马上要开始了，不信？你们瞧——"

她的话音刚落，台下就响起了热烈的掌声。杨澜这番即兴的话语折服了观众，她用自己的智慧摆脱了困境，挽回了面子。她的高明之处就在于用调侃的话对自己的失误进行了巧妙的渲染，借着演出的话题，将大家的视线转移到了节目中去。

据说，民国时期上海有位大学教授叫姚明晖，他身体瘦弱却总是穿着宽大的袍子。到了冬天天气变冷，姚教授头上戴斗大的风兜，从远处看去只露出一副眼镜，一个尖尖的鼻子，一撮儿翘翘的山羊胡须，十分滑稽。

一天上课，姚教授和平时一样的装束，走进教室。只见黑板上不知哪个调皮学生用漫画笔法画了一只人面猫头鹰。而那人面画得活像这位满腹经纶的老教授。姚教授站在黑板前面看了一会儿，脸上毫无愠色。拿起了一支粉笔，一本正经地在漫画旁写道："此乃姚明晖教授之容也。"写完之后，大家笑了。姚先生也笑了。那位提心吊胆的漫画作者舒了一口气，对教授产生了一种高山仰止的尊重和敬意。

当姚教授看到黑板上的漫画时，他知道那是学生们的恶作剧，是学生们在笑话他那副尊容，这时他如果冲学生们发火，那么结果只能变得更坏，自己丢的脸更大，所以他不冲学生们发火，而是自己主动地指出黑板上画的就是我姚明晖。在这种情况下，学生们只顾了笑，而忘记了他丢了脸面，并且此举还会让学生们由衷赞叹他那博大的胸怀。

在我们遇到尴尬的沟通逆境时，如果能适当地使用自嘲的方式创造幽默感，不仅能有效地摆脱自己的尴尬处境，也能给对方一种轻松感，从而使沟通气氛变得和谐，更有利于沟通活动的顺利进行。在日常生活中，谁都有缺点失误，难免会遇上尴尬的处境，人们往往都喜欢遮遮掩掩。其实这样反倒会引起更加恶劣的效果。还不如来点自我解嘲，使即将发生的纠纷趋于平静。

中秋时节，乾隆皇帝召集群臣在御花园赏月品酒，一时兴起就想与纪晓岚对句集联，以增雅兴。乾隆皇帝自恃学富五车，才高八斗，于是出上联道："玉帝行兵，风刀雨剑云旗雷鼓天为阵"，说完之后，他以必胜的姿势注视着纪晓岚，看他如何接自己的招。纪晓岚沉思须臾，语出惊人："龙王设宴，日灯月烛山肴海酒地作盘"。

当然，纪晓岚的下联对得不但工整，气魄也甚为宏大，较之上联犹有过之。

乾隆听完纪晓岚的下联，脸上的得意之色渐渐消失。真是“伴君如伴虎”啊，纪晓岚知晓，如若自己胜了，那皇帝的脸面往哪放呀，还是赶快为自己打个圆场吧。

纪晓岚不愧为才子，他灵机一动，说道：“皇上您贵为天子，故风雨雷电任凭驱策、傲视天下；微臣乃酒囊饭袋，故视日月山海都在筵席之中，不过肚大贪吃而已。”乾隆听完，又露出得意之色，笑着对纪晓岚说：“爱卿饭量虽好，如非学富五车之人，实不能有此大肚。”

当你在与人交谈而陷入尴尬的境地时，自嘲可以使你从尴尬的境地脱身出来。自嘲不仅是豁达的表现，还是自信的表现。因为，只有有足够自信的人才敢拿自身的失误做文章，继而把它放大、夸张，最后又巧妙地引申发挥、自圆其说，博得众人一笑。

第八章
打好心理牌，学会为他人着想

打好心理牌，让事情事半功倍，核心是学会为他人着想。避免“张口千言，离题万里”，远离“滔滔之言，皆是恶语”；让你的讲话简短精练，内容有的放矢，语言结结实实；人人喜欢，处处祥和。这是说话的艺术，这是沟通的法门。

把握说话的最佳时机

卡耐基说："要想把话说得恰到好处，最重要的一点就是把握住说话时机。说话的时机，常常就在瞬息之间，稍纵即逝，时不我待，失不再来。因此，对说话时机的把握，比掌握、运用其他说话技巧更难更重要。"

孔子在《论语·季氏篇》中说："言未及之而言，谓之躁；言及之而不言，谓之隐；未见颜色而言，谓之瞽。"这段话的意思是："不该说话的时候说，叫作急躁；应该说话的时候不说，叫作隐瞒；不看对方的脸色变化便信口开河，叫作闭着眼睛瞎说。"以上三种毛病都是没有把握好说话的时机，或者是没有注意到说话的策略和技巧。说话要把握时机，该出口时才出口。然而，要把握说话的最佳时机，并非易事。

说话适合当时的场合，还要适合当时的时间。说话的内容不论如何精彩，如果时机掌握不好，也无法达到有效说话的目的。听众的内心世界常常是随着时间的变化而变化。即使对方愿意听你讲话，或接受你的观点，你也应当学会选择恰当的时机。如果你喜欢看棒球比赛，你就会发现，棒球运动员即使有良好的技艺、强健的体魄，可是没有把握住击球的决定性瞬间，棒就落空了。说话也是这样，抓住时机是最重要的。

什么时候才是这"决定性的瞬间"，怎样才能把握并及时抓住，没有一定的规则可循，主要看谈话时的具体情况，凭你的经验和感觉而定。

在交际场合，常常出现这种情况：有的人口若悬河，滔滔不绝，十分健谈；而有的人即使坐了半天，也无从插话，找不到话题。

这就是一个"切入"话题的时机问题。

怎样才能及时地“切入”话题？

1. 尽快找到双方共同关心的基本点

小李刚到北京时，租了一间地下室，又在二手市场买了些廉价电器。其中，有台很便宜的冰箱总是“罢工”。修理工面对这台“老爷”冰箱，也感到很棘手。

一次，一个年轻的修理工上门帮小李修冰箱，鼓捣几下后说：“哥，这台冰箱不好修，配件都不好找了。”边说边收拾工具，一副要走的样子。

小李想起去请修理工时看到他跟一个姑娘在聊天，于是说道：“刚才那个女孩是你女朋友吧，真漂亮！”修理工一听小李夸自己的女友漂亮，不由得高兴起来，于是向小李谈起了他女友的种种优点。两个人的关系逐渐亲密了起来，这时小李说：“我真羡慕你，有一份稳定的工作，又有一个漂亮的女友。我呢，刚来北京，工作不固定，买了这么一个旧冰箱却又老是出毛病，害得我都不敢买新鲜食品。”

这时，修理工爽快地说：“别着急，配件我帮你找找。”他摸出电话，很快就搞定了配件问题。

一个小时后，冰箱又开始运转了。之后，两个人还互加了微信，成了好朋友。

如果不能发现有用的共同语言，很多时候是很难谈到一块的。

2. 寻找发表自己意见的最佳时机

有共同语言之后，什么时候“切入”话题就显得很重要了。

比如在讨论会上，什么时候是最佳发言的机会？如果你第一个发言，虽然能够给听众留下先入为主的印象，但往往因为时间尚早，气氛难免冷寂沉闷，听众尚未进入状态，不太好调动他们的情绪。如果到了后边再讲，好处是能够吸收别人的成果，进行有效的归纳整理，显得井井有条，或针对别人的漏洞，发表更为完善的意见，但却因为时间太晚，很多听众已经疲倦，希望尽快结束发言而不愿再拖延时间，因此效果也不理想。

根据这些情况，经过研究证明，最好的发言机会是在第二或第三个人发言之后及时切入话题，这样的效果最好。

在这个时候，说话的气氛已经活跃起来，如果你不失时机地提出自己的想法，常常最容易引起人们的关注。

研究证明，反映情况或说服他人的最佳时机是对方心情比较平和的时候。由于劳累、不顺心或注意力集中在其他事情上时，他们是没有心情来听你说话的。

选择时机，是一种尊重对方的表现，同时更是发挥说话效果的好方法。只有对方对你所谈的事情感兴趣的时候，你的话才会产生应有的效果，达到预期的目的。

说话顾忌场合没亏吃

某农村有个老太太死在家里。亲属们一起商量后事。老太太生前嘱咐要土葬，但是现在土葬已经不合时宜了，于是大家七嘴八舌，发表个人看法。老太太的孙子说："这样吧，老太太死了不是埋掉就是烧掉。现在尸体放在家里，人来人往的，总不是个事，我看烧掉最好，省钱省事！"这番话听得大家十分恼火，恨不得上去打他一巴掌。

这时候，另外一个孙子上来说："奶奶走了我很难过。现在遗体放在屋子里得赶紧料理才行。奶奶生前有土葬的愿望，可土葬现在已经不行了，我看还是赶紧火化好。我是晚辈，请大家考虑。大主意还是各位长辈拿！"这番话听得大家舒舒服服，长辈们也赶紧拿了个主意，把老太太火化了。

本来老人去世是一件悲痛的事，可是第一个孙子上来就什么"死了""埋掉""烧掉""尸体"这种冷冰冰的字眼，最后还来了个"省钱省事"，显得不合时宜，冷酷无情；而第二个孙子上来则情真意切，在情在理，很有分寸，自然让人听了舒服。

如果周围全都是自己熟悉的朋友，那么说话就可以推心置腹，天南海北，无所不谈，甚至说一些放肆的话出来也无伤大雅；但是如果在场的都是交往不深的人，就要收敛一下，不可肆意妄为，办事情也要公事公办，不要不分对象乱套近乎。

同样，说的话要贴合场合。在轻松的场合言语也要轻松，在热烈的场合言语也要热烈，在清冷的场合言语也要清冷，在喜庆的场合言语也要喜庆，在悲哀的场合语言也要悲哀。"在什么山唱什么歌"，不看场合，随心所欲，信口开河，想到什么说什么，这是愚人的拙劣表现。

适时说话，人们才会乐于听取；在不同场合，根据具体情况来选择说话还是不说话，以及用什么方式说话，“言而当，知也；默而当，亦知也”。正所谓“时然后言，人不厌其言”。礼仪规范对言语的最基本的要求就是：在任何时候，任何场合，言语都应该“矜庄以莅之，端诚以处之”。

说话要区分不同的场合，否则就收不到理想的效果。某法院开庭审理一起盗窃案，被告对作案时间交代不清。为了核实，审判长决定传被告之妻到庭作证。由于过分着急，审判长脱口而出：“把他老婆带上来!”法庭顿时哗然，严肃的气氛被冲淡了。当时，审判长应该运用法庭用语，宣布“传证人某某某到庭”。由于审判长以日常用语取代了法庭用语，不适应场合，因而很不得体。

可见，只有依据不同的场合，选取最恰当的语句，才能准确地表达自己的思想感情。

那么，场合又分为哪几种呢？主要分为4类：

1. 自己人场合和外人场合

我国传统文化一向是重视内外有别的。对自己人“关起门来谈话”，可以无话不谈，甚至可以说些放肆的话，什么事都好办。而对外边的人，总怀有戒心，“逢人只说三分话，未可全抛一片心”。求人办事嘛，一般是公事公办。因此，遵循内外有别的界限谈话，社会上认为是得体的，违反这一界限，便被认为是“乱放炮”，说话不得体了。

2. 正式场合与非正式场合

正式场合说话应严肃认真，事先要有所准备，不能乱扯一气。非正式场合下，便可随便一些，像聊家常一样，便于感情交流，谈深谈透。有些人说话文绉绉的，有些人讲话俗不可耐，就是没有把握正式场合与非正式场合的界限。

3. 庄重场合与随便场合

“我特地来看你”，显得很庄重；“我顺便来看你”，有点随随便便看你来了的意思，可以减轻对方负担。可是，在庄重的场合说“我顺便来看你”就显得不够认真严肃，会给听话者蒙上一层阴影。在日常生活中，明明是“顺便来看你来了”，偏偏说成是“特地看你来了”，有些小题大做，让对方增加心理负担，对方或许就会因此而不帮助你了。

4. 喜庆场合与悲痛场合

一般来说，说话应与场合中的气氛相协调。在别人办喜事时，千万不要说悲伤的话；在人家悲痛时，不要说逗乐的话，甚至哼哼民歌小调，别人会说你这人太不懂事了。说话有“术”，“能说会道”也是一种本领。古有“一语千金”之说，也有“妙语退敌兵”之事。可见，会说、巧说是何等重要。我们应重视“说”的作用，讲究“说”的艺术。在求人办事时，注意语言的学习与积累，针对不同的场合，要选用最得体、最恰当的语言来表情达意，力争获得最佳的效果。

另外，“言多必失”，不论什么时候，什么场合，说话时都要注意说话的分寸。特别是人多的场合，说到忘乎所以的时候很容易失言，一旦失言，你的话就可能中伤或伤害到某个人，这自然会让你招惹祸端。

在事业成功的过程中，一言一行都关系着个人的成就荣辱，所以言行不可不慎。那些成功的人，说话很会把握分寸感，不管在什么场合都是落落大方，说话的时候，言词很充分，该说的话一定不会让听众失望；不该说的时候，也是一句话也不说的。

有的人口齿伶俐，在交际场合口若悬河，滔滔不绝，诚然，这是不少人所向往的“境界”。但如果没有那样的水准，仍喜欢张扬自己，在人多的地方，口无遮拦，很容易说错话，一旦说漏了嘴，再想要补救是很难的，或者说几乎成为不可能的事情。所以在人多的场合尽量少讲话，并讲究“忌口”。否则，若因言行不慎而让别人下不了台，或把事情搞糟，那是最不合算的事，因为对别人造成的伤害是一时性的，但对自己造成的影响却是长期性的——你在别人心目中的形象会定型为“恶人”。或许这个“恶人”用得有点过分，但起码你留在别人心中的印象不会是好的。

总之，我们在与人沟通时要注意沟通对象的具体情况，明白沟通的目的，看准沟通的场合，懂得随机应变，在什么山，唱什么歌。

调整自己的沟通方式适应对方

“物以类聚，人以群分”。了解人与人之间的年龄、性别、性格、职业、地位、兴趣爱好、文化水平等多方面的差异，调整自己的沟通方式以适应对方，别人才会乐于与你沟通。

具体该怎么做呢？可以依照下面几点：

1. 看对方的性格和性别特征

对方性格外向，透明度高，你就可以随便一些，开开玩笑、斗斗嘴，他会很自然地接受；如果对方性格内向、敏感，你就可以讲一些适合的笑话，让他开朗一些，最重要的是表现真诚，可以挖掘对方比较在意、隐藏在内心深处的话题，让对方觉得你是在真正地关心他。

有的女孩性格外向，个性鲜明，男孩子气十足，你若跟她谈化妆、美容，她也许会毫无兴趣；如果谈足球、谈姚明，她可能会兴致勃勃。针对不同的性格，你应该学会说不同的话。

同样说人胖，男性多半会一笑置之，而女性则可能马上把脸拉下来，这就是性别带来的差异。所以，同样的话对男人和女人的作用是不一样的。说话时，我们就要注意到这种差异，对不同性别的人说不同的话。

有位名牌大学中文系毕业的高才生，在人才招聘会上，想让某公司经理招聘其为办公室秘书，青年人在经理面前作自我推销时说话拐弯抹角，半天不切主题。她先说：“经理，听说你们公司的环境相当不错。”经理点了点头。接着，高才生又说：“现在高学历的人才是越来越多了。”经理还是点了点头，什么也没说。而后，高才生又说：“经理，秘书一般要大学毕业，要比较能写吧？”高才生的话兜了一个大大的圈子，还是未能道出自己的本意。岂料，这位经理是个急性子，他喜欢别人与他一样，说话办事干脆利落。正因为高才生未能摸透经理的性格，结果话未说完，经理便托词离去，高才生的求职也化成了泡影。

2. 看对方的身份特征

俗话说，“秀才遇见兵，有理说不清”。如果你对普通的工人农民摆出知识分子的架子，满口之乎者也，肯定让对方满头雾水，更别说会被接受了。要是遇见文化修养较高的人，也不能开口就一副江湖气，容易引起反感，更无法获得交往的信任和好感。

全国人口普查时，一个青年普查员向一位 70 多岁的老太太询问“有配偶吗？”老人愣了半天，然后反问“什么是配偶？”普查员解释：“就是你丈夫。”老太太这才明白。

这位普查员说话不看对象，难怪会闹笑话。所以，要想收到理想的表达效果，就应当看对象的身份说话，对什么人，说什么话。如果不看身份说话，人们听起来就会觉得别扭，甚至反感，那势必要影响交际效果。

3、看对方的兴趣爱好

比如和有小孩的女性说话，可以说说孩子教育和柴米油盐酱醋茶；和公司职员说话，可以说说经济环境等问题……说得不深入没关系，只要你开口了，他们便会不由自主地告诉你很多关于他自己和工作上的事情。如果你善于引导，他恐怕连心事都要掏出来了。

有个青年想向一位老中医求教针灸技巧，为了博得老中医的欢心，他在登门求教之前做了认真细致的调查了解：他了解到老中医平时爱好书法，于是浏览了一些书法方面的书籍。起初，老中医对他态度冷淡，但当青年人发现老中医案几上放着书写好的字幅时，便拿起字幅边欣赏边说：“老先生这副墨宝写得雄劲挺拔，真是好字啊！”对老中医的书法予以赞赏，促使老中医升腾起愉悦感和自豪感。接着，青年人又说：“老先生，您这写的是唐代颜真卿所创的颜体吧？”这样，就进一步激发了老中医的谈话兴趣。果然，老中医的态度转化了，话也多了起来。接着，青年人对所谈话题着意挖掘、环环相扣，致使老中医精神大振，谈锋甚健。终于，老中医欣然收下了这个“懂书法”的弟子。

4. 看对方的年龄特征

老年人喜欢别人说他年轻，而小孩就不喜欢大人总是说他太小；中年人喜欢别人说他事业有成，家庭美满，而年轻人就喜欢别人说他有闯劲有活力，不同年龄层次的人喜欢不同的话题。

假如你要打听对方的年龄，对小孩可以直接问：“今年多大了？”对老年人则要问：“您今年高寿？”我们不提倡问女士的年龄，但是如果非要问，也要讲究方法，只要问得分寸好，不会让别人觉得唐突、不礼貌。对年龄相近的女性可以试探说：“你好像没我大？”对年龄稍大的女性则可以问：“您也就 30 出头吧？”这样一来，大家都皆大欢喜。

5. 看对方的心理需求

不同的人会有不同的心理需求。如果你懂得一点儿心理学，就很容易把话说到人的心窝里。19 世纪的维也纳，上层妇女喜欢戴一种高檐帽。她们进戏院看戏也总是戴着帽子，挡住了后排人的视线。可是戏院要求她们把帽子摘下来，她们仍然置之不理。剧院经理灵机一动，说：“女士们请注意，本剧院要求观众脱帽看戏，但是年老一些的女士可以不必脱帽。”

此话一出，全场的女性都自觉地把帽子脱了下来：哪个女人愿意承认自己老啊！剧院经理就是利用了女性爱美爱年轻的心理特点和情感需求，顺利地说服了她们脱帽。

战国时期著名的纵横家鬼谷子，曾经总结出了与各种各样的人交谈的心理启发，堪称精辟：与智者言，依于博；与博者言，依于辨；与辨者言，依于要；与贵者言，依于势；与富者言，依于高；与贫者言，依于利；与贱者言，依于谦；与勇者言，依于敢；与愚者言，依于锐。

如果你能把握上述原则，说话时自然不容易出错。见什么人说什么话的道理可以帮你分清界限，理清场合，让我们的人际沟通能力更上一层楼。

守得住秘密，藏得住恶语

几位大学生去敬老院慰问一位退休老教师，见面以后大学生问道：“吴老师，您老的身子骨真够硬朗，今年高寿？”

老人家高兴地说：“八十一啦。”

大学生继续问道：“身体都还健康吧？在退休老教师里面您可算得上是长寿将军了。”

老人家面带微笑地说：“哪里，老贾年龄比我大，他已经九十岁了。不过，他去年却到西天极乐世界报到去了。”

“啃，这回可轮到您了。”几位大学生异口同声道。老人家听到这里，脸色骤变，板起脸来把他们撵了出去。

与人谈话时，该说的话留一点儿，不该说的不开口。任何人都无法预测一句话会造成什么样的后果，说不定哪句不该说的话被自己说出口后，会惹来不必要的麻烦。这就要求人们在说话之前要深思熟虑，不该说的千万别出口。

苏东坡曾经留下过这样一首诗：“高山石广金银少，世上人多君子稀。相交不必尽言语，恐落人间惹是非。”

“相交不必尽言语”说的就是这个道理。很多时候，我们谈兴甚浓，于是海阔天空无所不谈，画蛇添足或是把一些完全不该说的话和盘托出。这样岂能不惹是非？

在与人交往中要做到吞下不该说的话，应该具备这样的心态：就算你是全世界最自我的人，也要懂得尊重别人。不要以为吞下自己最后一句话就不自我，其实那才是真正懂得保护自己的人。

适时地闭上你的嘴巴，你会看起来更加可爱。不要罔顾别人的想法而肆意倾倒你的垃圾信息，更不要随便对一个不熟悉的人卖弄你的小道消息和私人问题。

小心那些只听不说的人，或许是因为害羞，或许他们隐藏了杀机。在询问式和操纵式的倾听中，要学会分辨同情和尊重的耳朵。

刘燕在一家饭店找到了一份服务员的工作，刘燕刚上班，就来了三位客人，她连忙拿出菜单，面带微笑地走向客人，准备为他们点菜。第一位客人点了一份糖醋里脊，第二位点的是宫保鸡丁，第三位点的是京酱肉丝。点完菜以后，三位客人又强调了一句：饭菜要干净一点儿。不大一会儿，这三位客人点的菜就做好了。刘燕用托盘端了出来，她一边朝三位客人就座的方向走去，一边大声对客人说："你们谁要的这份干净一点儿的菜？"

不料，就因为这一句不该问的话，刘燕丢掉了饭碗。因为这句话给饭店造成了很坏的影响。

灾祸往往出自口，在工作生活中，要讲究说话的方式方法，管不好自己的嘴，就相当于在自己身上绑了一颗定时炸弹。

那么，在交谈中哪些方式不受欢迎，容易招惹麻烦呢？

1. 无事不通、无事不晓的逞能

言谈中，谈话的内容往往涉及天文、地理、历史、哲学等古今中外、日月经天、江河行地般的话题。同时交谈是相互了解、相互交流的方式，而不是表现学识渊博、见识广泛的舞台。如果你在交谈中表现得如同"万事通"，到时定会打自己的嘴巴。更何况老子曾说过："言者不知，知者不言。"交谈中什么都说的人其实什么都不知道。"两小儿辩日"的故事我们都知道，孔子都会在两个小顽童面前碰了钉子，所以人千万不要逞能。

2. 逢人诉苦、博取同情的忆苦

在人生长河中，每个人都会遇到挫折和困苦，但每个人对待的方式不同，有的人迎难而上，有的人知难而退，有的人却将苦难带来的负面情绪传染给别人，在众人面前陈述自己的辛酸，以获同情。每个人工作上难免碰到一些挫折——进展不顺，遭人误解等，如果这样就经常唉声叹气，怨天尤人，说工作太难做了，实在不想干了，一肚子的苦水。开始时，朋友也许愿为你排忧解难，想一些法子，给你鼓鼓气。但是每次相聚谈话都是如此，朋友们就会觉得你太没志气，简直就是一个“苦水瓶”，以后就会与你疏远。所以，交际中一味地诉苦会让别人觉得你没魄力，没能力，从而失去别人对你的尊重。

3. 喋喋不休、滔滔不绝的独白

许多女人在交谈中，自始至终一人独唱主角，喋喋不休、滔滔不绝。这样其实不但不能表现自己的交谈口才，反而会令人生厌。要知道池蛙长鸣，不为人注意，而雄鸡则一鸣惊人，这就说明过多地“说单口相声”不能交流思想，不能增进感情。交谈时应谈论共同的话题。让每个人都充分发表意见，留心别人的反应，这样才能融洽气氛。正如亚历山大·汤姆所说：“我们的谈话就像一次宴请，不能吃得很饱才离席。”

4. 尖酸刻薄、烽烟四起的争辩

交际中有时免不了争辩，但善意、友好的争辩更能促进彼此间的了解，调节交际环境，起到活跃气氛的作用，有时一场精彩的争辩会令人荡气回肠，齐声喝彩。但是尖酸刻薄、烽烟四起的争辩会伤害他人，导致心情郁闷，令人望而叹息、敬而远之。因为尖刻容易树敌、如果一个人在言谈中出现四面楚歌、群起攻之的局面，他的处境就可想而知了。

5. 口无遮拦，出口伤人的话语

灾祸往往出自口，无论身处什么位置，也不管财富多么雄厚、势力有多强大，语言不当总会带来负面影响。在与人交往时要时刻把握好说话的度，尽量让说出的话委婉动听。

总之，在社交场合，诚实与热情是交谈的基础，三思而后言，管住自己的嘴巴，是沟通的路标。拥有这些，你的话语才能精彩，你才能赢得更多朋友的尊重和帮助，你的交际之路方可顺风顺水。

把难说的话说得好听

俗话说得好，“佛要金装，人要衣装”。商品要有新颖的包装才会吸引顾客，女人要有漂亮的衣裳才能更显现出她的美丽风姿。而说话也要像商品和衣服一样，需要经过良好的包装才能让人接受和信服。比如你说“喂，让开”，就不如说“你好，请让一下好吗”效果好。这就是包装的魅力。

人们都说，关系是营造出来的。同样的事情，有人着急上火、口不择言，有人则不急不躁、言语稳重，最后的结果就大相径庭。话语如同一把利刃，可以伐木也可以伤人，就看操持者怎么使用。己所不欲，勿施于人。既然每个人都喜欢听那美酒一样的良言，为什么不对别人也说出美好的语言呢？注意说话的方式，把难说的话说得好听，才是真正有素养的口才高手。下面教你一些小技巧：

1. 难以启口的话，要用机智与笑话包装起来

每个人在日常生活中都会遇到必须讲一些难以启口的话的时候。这种时候，如果直接说“实在很伤脑筋”“很麻烦”，很可能引起对方的反感，或者让对方产生不快。如果把想说的话用机智与笑话这种委婉的方式传达，对方多半会一笑置之，既不伤害到对方，说的人心理也不会有很重的负担。

2. 警告别人时不要指出缺点，而要强调如果纠正过来会更好

有位公司经理慨叹纠正别人实在难，稍微提醒一下部属，部属不是置之不理，就是越变越坏。这位经理只是指出对方的缺点加以批评而已。他如果换一种方式，强调矫正过来会更好，那就会是另一种情况。

有位足球教练在纠正选手时，不说“不对，不对”而说“大致上不错，但如果再纠正一下……结果会更好”。他并非否定选手，而

是先加以肯定再修正。也就是说先满足对方的自尊心，然后再把目标提高。如果只是纠正、警告的话，只会徒然引起选手的反感，不会有好的效果产生。

3. 传达坏消息时，要附加一句“令人无法相信”

传达坏消息，心情总是沉重的。所以，这种时候正需要一些思考，否则甚至可能演变成人的生死问题。

直接说“你有如何如何的谣言”，前面加一句“虽然我不相信……”那么对方所受到的冲击就会轻很多。有一位初中教师，他对成绩退步的学生说：“实在难以置信，你考这样的分数。”如果老师能换一种方式说话，那位同学下次成绩一定会提高。倘若只是传达事实的话，机器人也办得到，效果却不会令人满意。但是，“令人难以置信”这句话显示出的则是机械所不具备的机灵。

4. 不小心提到对方的缺点时，要加上赞美的话

想必每个人都曾有过不小心说话伤到对方或对对方不礼貌的时候。话一旦说出来就无法收回，当场气氛就不好了。这种情形大多数人会连忙辩解，或者换上温和一点儿的措辞，这实在不是好方法，因为对方认为你心里这么想才会出言不逊。这种时候不要去否定刚才说出来的话，要尽量沉着，若无其事地附带说：“这就是你吸引我的地方，但是，你也有……的优点，所以表面上的缺点更显得有人性。”人对于别人说过的话总是对最后的结论印象最深刻，附加赞美的话，对方便认为结论是赞美的，即使前面说过令人不愉快的话，也就不会计较了。

5. 提意见时，提供更多假设

你直接说“这样不好”，不如说“如果……是不是更好?”为对方提供一些假设，一些建议，比生硬地提意见更容易让人接受。同样的意思，只是换了不同的说法，结果就截然不同。

6. 假托第三者传达对对方的批评可以一石二鸟

某企业的经理说，他的公司有几位兼职的女职员言谈很不高雅，甚至对他这个上司说起话来像对待朋友一样。有一天，他告诉一个已经任职两三年的女职员：“最近的年轻人说话有点随便，请你代我转告一下好吗?”结果却很令人意外。那几个兼职的女职员谈吐多少有所改善，而那个负责转告的女职员对自己的谈吐最为小心翼翼。恐怕是“最近的年轻人”这句话让那个女职员觉得自己也被包括在内。

这个女职员的情形，连主管也意想不到。这也可以用作批评别人时的方法，也就是说托诸“第三者”而不要直接批评，如此一来，对方就会虚心接受而不太会产生反感。但是这种托诸“第三者”的批评，要掌握好尺度，不要太过明显，让人觉得像“指桑骂槐”就不好了，这一点应当多加注意。

直言快语固然能让人感觉爽快，但是委婉说话更能体现出一个人驾驭语言的能力。委婉并不是太有心机，也不是故意遮遮掩掩绕弯子，而是体现出一个人对交往对象的尊重和体贴，体现出一个人交际的成熟风范。包装一下你的外表，再包装一下你的语言，那么你就是一个善于交往的人了。

不要把话说绝，留有余地

某公司新研发了一个项目，老板将此事交给了下属小张，问他：“有没有问题？”他拍着胸脯回答说：“没问题，放心吧！”

过了三天，小张还是没有任何动静。老板问他进度如何，他才老实说：“没有想象中那么简单！”虽然老板同意他继续努力，但对他拍胸脯的信誓旦旦已经开始反感。

我们经常会听到某些人说话时是斩钉截铁的：“我一定行”“我一定能办到”“你还不相信我呀？”……类似的话可以说是信手拈来。当然，这样的话语里蕴涵了一个人的自信，这是无可厚非的，当今社会所提倡的就是做人要有自信。但是有时候我们说话必须要把握分寸，这就需要根据具体的事实来说话，在比较正式的场合我们还是不要把话说得太绝对。

客家有句俗谚：“人情留一线，日后好见面。”生活中很多尴尬是由自己一手造成的。其中有一些就是因为话说得太绝造成的。凡事多些考虑，留有余地，总能给自己留条后路。这在外交辞令中是最常见的。每个外交部发言人都不会说绝对的话，要么是“可能、也许”，要么是含糊其词，以便一旦有变故，可以有回旋余地。话不说绝对是一个人老练成熟的标准。

自以为是的人容易把话说满。他们总觉得自己的见解没有错，根本不容分辩，于是马上盖棺定论，不留余地。可是，要知道杯子留有空间，是为了轻轻晃动时不会把液体溢出来；气球留有空间，是为了不会因轻微的挤压而爆炸；人说话留有空间，是为了防止“例外”发生而让自己下不了台。

人人都讨厌空话大话连篇的人，吹得天花乱坠，实际行动却不见几分，难免让人觉得你华而不实，难以信任。不如低调一点儿，做的比说的多，多干活儿少说话，用实际行动证明自己的价值。当然，也有人话说得很满，而且也做得到，即使这样，说满话也不可取，毕竟，谦虚一些能留给人美好的印象，而一味拍胸脯，总是让人觉得你不够稳重。何况，凡事总有意外，使得事情产生变化，而这些意外并不是人人能预料的，话不要说得太满，就是为了容纳这个“意外”。

在做事的时候，对别人的请托可以答应接受，但最好不要“保证”，应代以“我尽量，我试试看”的字眼；上级交办的事当然要接受，但不要说“保证没问题”，应代以“应该没问题，我全力以赴”之类的字眼，这是为了万一自己做不到所留的后路，而这样说事实上也无损你的诚意，反而更显出你的谨慎，别人会因此更信赖你，即便事没做好，也不会太责怪你。用不确定的词句可以降低人们的期望值，你若不能顺利地做成某件事情，人们因对你期望不高，最后总能谅解你，而不会对你产生不满，有时他们还会因此而看到你的努力，不会全部抹杀你的成绩；如果你能出色地完成任务，他们往往喜出望外，这种增值的喜悦会给你带来很多好处。

话不说满也表现在不要对他人太早下评断，像“这个人完蛋了”“这个人一辈子没出息”之类，浪子还有回头的时候，人一辈子很长，变化还很多，你怎么能凭主观就评定别人的一生？

无论何时，我们说话的时候都要提醒自己，要给自己留余地，使自己可进可退，这好比在战场上，进可攻，退可守。这样有了牢固的后方，可出击对方，又可及时地退回，自己依然处于主动的地位。这样虽然不能保证自己就一定会处于战无不胜的地位，但是至少可以保证自己不会败得一塌糊涂。要想把握分寸，给自己留余地，需注意以下两点：

1. 话不要违背常情常理

事物都有自己存在的道理，人事也有自己存在的情理。说话时，如果违背了常情常理，就会给别人留下把柄。因此，在谈话时，要记住话不要说过了头，违背了常情常理。

看看两位推销员对同一商品的介绍，她们推销的是同一款产品：袜子。第一位推销员随手拿起一只袜子，紧接着他又拿起打火机，在袜子下面轻快晃动，火苗穿过袜子，而袜子也未受到损伤。在他一番介绍之后，袜子在顾客手中传看。一位顾客要拿打火机烧，急得推销员赶忙补充说："袜子并不是烧不着，我只是证明它的透气性好。"最后大家终于明白了怎么回事，袜子的质量没得说，但当时的气氛明显地影响了顾客的消费情绪。

而第二位推销员，也是一边说一边演示，不过她注意到了科学性介绍，一番介绍说得非常周到。她是这样说的："当然，任何事物都有它的科学性，袜子怎么会烧不着呢？我只是证明它的透气性好，它也并不是穿不破，就是钢也会磨损的。"这番介绍没有给天性爱挑刺的顾客留下可乘之机。接下来，她一边给大家传看袜子，一边讲解促销的优惠价格，销售效果明显好于前一位推销员。

2. 话不要说得太绝对

人们考虑问题都喜欢来个相对思考，也许是爱因斯坦的"相对论"深入人心的缘故吧。对于绝对的东西，人们在心理上有一种排斥感。比如，当你斩钉截铁地说："事实完全就是这个样。"此时在别人心里会有疑问："难道真的一点儿也不差？"也许你表达是事实。可是他心里老是琢磨"难道一点儿也不差"的时候，他对你的话语的领悟就会有点舍本逐末了。倒不如这样说："事实就是这个样子。"

因此，在谈话时，即便是我们绝对有把握的事，也不要把话说的过于绝对，绝对的东西容易引起他人的挑剔。而现实是，如果对方有意挑刺，还真能挑出来。与其给别人一个挑刺的借口，不如把话说得委婉一点儿。同时，如果我们不把话说得绝对，我们还可以在更为广阔的空间与对方周旋。

人们常说"话不要说满，事不要做绝"，当然是有道理的。事情做绝，不留余地，不给别人机会，不宽容别人，处理事情下狠手都是不理智的行为。无论矛盾有多深，最好都不要说出“势不两立”之类的话，否则日后万一有合作的机会，一定左右为难，尴尬万分。时时处处留有余地是为人处世的大智慧，进可攻，退可守，这才是成功的做人之道。

第九章
突破被动心理，一招学会肢体语言

人际交往离不开肢体语言，跨文化交际更需解读肢体语言。微表情心理学、身体心理学与说话心理学密不可分，剖析肢体语言，能使你在商战中明察秋毫，抢占先机；善用肢体语言，能让你在应聘谋职时稳操胜券；巧用肢体语言，能助你轻松成为沟通高手。

肢体语言的一招一式

一个人走进饭店要了酒菜，吃罢摸摸口袋发现忘了带钱，便对店老板说："店家，今日忘了带钱，改日送来。"店老板连声说"不碍事，不碍事"，并恭敬地把他送出了门。

这个过程被一个无赖看到了，他也进饭店要了酒菜，吃完后摸了一下口袋，对店老板说："店家，今日忘了带钱，改日送来。"

谁知店老板脸色一变，揪住他，非剥他衣服不可。

无赖不服，说："为什么刚才那人可以赊账，我就不行？"

店家说："人家吃菜，筷子在桌子上找齐，喝酒一盅盅地筛，斯斯文文，吃罢掏出手绢揩嘴，是个有德行的人，岂能赖我几个钱。你呢？筷子往胸前找齐，狼吞虎咽，吃上瘾来，脚踏上条凳，端起酒壶直往嘴里灌，吃罢用袖子揩嘴，分明是个居无定室、食无定餐的无赖之徒，我岂能饶你！"一席话说得无赖哑口无言，只得留下外衣，狼狈而去。

从这个故事可以看出：一、动作姿势是一个人文化修养的外在体现。一个品德端庄、富有涵养的人，其姿势必然优雅。一个趣味低级、缺乏修养的人，是做不出高雅的姿势来的。二、在人际交往中，我们必须留意自己的形象，讲究动作与姿势。因为我们的动作姿势，是别人了解我们的一面镜子。三、在人际交往中，我们可以通过别人的动作、姿势来衡量、了解和理解别人。

说起沟通，人们自然会想到最直接、有效的口头语言。不错，人与人之间的思想交流、情感联络都需要简明、直接的语言来表达、传递。除此之外，动作、表情、视线等肢体语言，虽然也被人们在不经意地运用着，但它在沟通交流中的影响力和特殊作用却没有引起人们的注意。美国著名传播学家艾伯特梅拉比安曾提出一个公式：信息的全部表达=7%语调+38%声音+55%肢体语言。可见，"此时无声胜有声”，肢体语言在人际沟通过程中比言语更为重要。

与人谈话，除了话语的内容之外，对方的一举一动、一颦一笑，更可以透露出玄机。而且，肢体语言是辅助说话最有效的工具，许多“意在言外”的意思，都能靠着肢体语言透露出些蛛丝马迹，所以我们应该对于肢体语言有深刻的了解，以便能够洞烛先机，预做下一步的准备。如今，很多人把人际沟通的功夫几乎全部下在口头语言上，而真正的沟通高手已经意识到肢体语言的重要性。一个无心的眼神，一个不经意的微笑，一个细小的手势，一身整洁简约的衣着，都有可能决定人际沟通的成败，哪怕这只是一场相亲会。

人类学家雷·博威斯特是最初非语言交际——他称之为“动作学”——的倡导者。针对人与人之间发生的非语言交流，博威斯特也做出了相似的推断。他指出：一个普通人每天说话的总时间大约为10~11分钟，平均每说一句话所需的时间则大约只有25秒。同时，他还推断出，我们能够做出并辨认的面部表情大概有25万种。

和麦拉宾一样，博威斯特还发现，在一次面对面的交流中，语言所传递的信息量在总信息量中所占的份额还不到35%，剩下的超过65%的信息都是通过非语言交流方式完成的。我们对发生于20世纪七八十年代的上千次销售和谈判过程展开了详细的研究，其结果表明，商务会谈中谈判桌上60%—80%的决定都是在肢体语言的影响下做出的。同时，人们对一个陌生人的最初评判中，60%—80%的评判观点都是在最初不到4分钟的时间里就已经形成了。除此之外，研究成果还指出，当谈判通过电话来进行的时候，那些善辩的人往往会成为最终的赢家，可是如果谈判是以面对面交流的形式来开展的话，那么，情况就大为不同了。因为，总体而言，当我们在做决定的时候，在所见到的情形与所听到的话语中，我们会更加倾向于依赖前者。

肢体语言是与说话相对独立的一种沟通形式，它更加丰富细腻，而且更能表达内心的真实需要，因此，一些简单的肢体语言胜过滔滔不绝的口才。

精神意识的外在形式

肢体语言是和我们平时所说的语言相对独立的一种沟通形式，它伴随着我们的话语产生。肢体语言来自面部表情、眼神接触、手势、站立姿势和态度，大多数情况下，它是潜意识的。总的来说，肢体语言的细微差别是非常复杂的，但是有些普通的肢体语言符号甚至能抵得上一大堆话。可以说：无声语言所显示的意义要比有声语言多得多。

运用肢体语言，能够传达你的言外之意和情感，从而带动对方，让沟通更加顺畅。那么，我们如何让自己的身体会“说话”？

1. 体势

达·芬奇曾说过，精神应该通过姿势和四肢的运动来表现。同样，人们的一举一动，都能体现特定的态度，表达特定的含义。

一个人的体势会流露出他的态度。身体各部分肌肉如果绷得紧紧的，可能是由于内心紧张、拘谨，在与地位高于自己的人的交往中常会如此。推销专家认为，身体的放松是一种信息传播行为。向后倾斜 15 度以上是极其放松。人的思想感情会从体势中反映出来，略微倾向对方，表示热情和兴趣；微微起身，表示谦恭有礼；身体后仰，显得若无其事和轻慢；侧转身子，表示嫌恶和轻蔑；背朝人家，表示不屑理睬；拂袖离去，则是拒绝交往的表示。

我国传统文化中很重视人在交往中的姿态，认为这是一个人是否有教养的表现，因此素有大丈夫要“站如松，坐如钟，行如风”之说。

在日本，百货商场对职员的鞠躬弯腰还有具体的标准：欢迎顾客时鞠躬 30 度，陪顾客选购商品时鞠躬 45 度，对离去的顾客鞠躬 45 度。

如果你在交谈过程中想给对方一个良好的第一印象，那么你首先应该重视与对方见面的姿态表现，如果你和人见面时耷拉着脑袋、无精打采，对方就会猜想也许自己不受欢迎；如果你不正视对方、左顾右盼，对方就可能怀疑你是否有交流的诚意。

2. 目光

两个人对话时，目光接触，是最能传神的非言语交往。“眉目传情”“暗送秋波”等词语形象地说明了目光在人们情感交流中的重要作用。

在人与人的交流中，目光不免会经常接触，而从对方的目光中，很容易发觉对方的感觉。如果对方的目光有神地望着你，至少他是在注意听你说话；如果对方的目光四处转动，一副心不在焉的样子，他可能是对话题不感兴趣，这时我们便要适时地将话题导引至其他能够引起对方兴趣的方面。

3. 表情

许多人的喜怒哀乐都是写在脸上的，即使是一个深沉的人，从脸部表情变化都多少可以看出一些端倪来。例如两方代表团对坐于谈判桌前时，坐在后排的人士中，就有人是专门在解读对方表情变化的。

4. 语气

说话时的抑扬顿挫，对于说话内容有很大的影响，比如说吵架的时候，通常都是很大声的；情话绵绵时却又是窃窃私语了。此则说话时有一些辅助的字句，例如“嗯”“啊”“噢”等，虽然都是语尾助词，但也是可以听得出另一番意义的。

恰当自然地运用语气，是交往成功的前提。一般情况下，柔和的声调表示坦率和友善，在激动时自然会有颤抖，表示同情时略为低沉。不管说什么样的话，阴阳怪气就显得冷嘲热讽；用鼻音哼声往往表现傲慢、冷漠、恼怒和鄙视，是缺乏诚意的，会引起人不快。

5. 衣着

在谈判桌上，人的衣着也在传播信息与对方沟通。意大利影星索菲亚·罗兰说：“你的衣服往往表明你是哪一类型，它代表你的个性，一个与你会面的人往往自觉地根据你的衣着来判断你的为人。”

衣着本身是不会说话的，但人们常在特定的情境中以穿某种衣着来表达自己的思想、建议和要求。在销售交往中，人们总是恰当地选择与环境、场合和对手相称的服装衣着。谈判桌上，可以说衣着是销售者“自我形象”的延伸扩展。同样一个人，穿着打扮不同，给人留下的印象也完全不同，对交往对象也会产生不同的影响。

微笑是最美的语言

有一位单身女子奥丽芙刚刚搬了新家，她发现隔壁住着一个寡妇和两个小孩子，是一户穷人家。一天晚上，奥丽芙居住的那一带忽然停电了，她只好点起了蜡烛。过了一会儿，隔壁邻居的小孩子来敲门，他紧张地问："阿姨，请问您家有蜡烛吗？"奥丽芙心想："难道他们家穷到连蜡烛都没有吗？千万别借给他们，免得被他们赖上！"于是，对孩子吼了一声说："没有！"

正当奥丽芙准备关上门时，那小孩露出关爱的笑容说："我就知道您家一定没有！"说完，他竟从怀里拿出两根蜡烛递给奥丽芙，说："妈妈和我怕你一个人住又没有蜡烛，所以让我带两根来送你。"奥丽芙心里顿时充满了自责，同时被小孩子的笑容感动得热泪盈眶，将小孩紧紧地拥在怀里。奥丽芙深深地体会到了笑容的力量。

世界上最贵重的礼物是什么？是微笑。

世界上最美丽的东西是什么？是微笑。

世界上最动人的表情是什么？是微笑。

从心理学角度讲，微笑是属于非语言沟通的传播方式。人类具有丰富多彩的心理活动，这些内在的心理过程可以通过人的身体动作、面部表情、空间利用、声音暗示、接触行为、穿着打扮等方式表露出来，从而使自己为他人所觉察和了解。但微笑在人与人的沟通中却具有其他沟通方式所不可替代的作用。正如心理学家博纳罗·奥佛斯特里特指出的："我们朝人家微笑，人家也会以微笑作回报。一方面他是在向我们微笑；另一方面，从较深的意义上来说，他回报微笑是我们在他内心激起的幸福快乐情感的流露，我们的微笑使他感到了自己的价值，也就是说，我们重视他尊重他。"

微笑是令彼此愉快的面部表情，是直通人心的世界语，是人际交往的润滑剂，是灿烂生活的添加剂。微笑是人的天性，它比电便宜，却比灯更加灿烂，不仅照亮自我，更能温暖他人。微笑是最奇妙的礼物，得到它的人会因此更加富足，给予它的人却不会因此变得贫穷。微笑有着无穷的魅力，虽然只是短短一瞬，却留下永恒的回忆。

对于从事服务行业的人来说，微笑是一项投资最少、回报最大的资产。微笑可以缩短人与人之间的距离，化解令人尴尬的僵局，沟通彼此的心灵，使人产生安全感、亲切感以及愉悦感。你的微笑可能会化解客人的些许苦闷，驱散客人一身的疲惫；可能会使客人感觉到你的诚心，原谅你的无意之失；可能会给客人带来愉悦，使他有个好的心情。因此，每一位服务人员都要树立微笑意识，将微笑贯穿于接待服务的全过程。此外，也一定要牢记，只有真诚、友善、亲切、大方、自然，才会给客人一种愉快、舒适、幸福、动人的好感。

英国诗人雪莱说：“微笑，实在是仁爱的象征，快乐的源泉，亲近别人的媒介。有了笑，人类的感情就得以沟通。”保持微笑的人，走到哪里都会受到欢迎，谁都喜欢同其打交道。这是因为，当你向别人微笑时，实际上就是以巧妙、含蓄的方式告诉他，你喜欢他，你尊重他，他是一个受欢迎的人。这样你在给予别人温暖与鼓励的同时，也就容易博得别人的尊重与喜爱。

然而，并不是所有人的微微一笑都能轻易地打动别人，微笑是有讲究的。

微笑的时候，先要放松面部肌肉，然后使嘴角微微向上翘起，让嘴唇略呈弧形。最后，在不牵动鼻子、不发出笑声、不露出牙齿，尤其是不露出牙龈的前提下，轻轻一笑。

微笑要发自内心，当一个人心情愉快、兴奋或遇到高兴的事情时，都会自然地流露出这种笑容。这是一种情绪的调节，是内心情感的自然流露，绝不是故作笑颜、故意奉承。

微笑最重要的是自然，不可以假装，千万不要皮笑肉不笑，更不要勉强，那样只会让人别扭，甚至感到讨厌。

微笑也要适度。虽然微笑是人们交往中最具有吸引力、最有价值的面部表情，但也不能随心所欲，不加节制。只有笑得得体、适度，才能充分表达友善、诚信、和蔼、融洽等美好的情感。

具有良好素养和心境的人总会在脸上泛起微笑，而让人微笑永驻的则是一种精神力量。微笑含有情感的成分，它能照亮天空，能振奋精神，能改变周围的人。用微笑，很容易获得对方的信任和好感。

真诚地微笑吧，它是你最美的语言！

好的表情会说话

人类的祖先为了适应自然环境，达到有效沟通的目的，逐渐形成了丰富的表情，这些表情随着人类的进化而不断发展、衍变，成为非言语沟通的重要手段。在所有的身体姿态中，人们了解最多的就是面部表情。因为，人的喜怒哀乐爱恨痴狂，往往会形之于色，令人一望即知。面部表情最为直观地展示出了人们的心理状态及其变化过程。

表情，是人内心的情感在面部、声音或身体姿态上的表现。当外部客观事物以物体的、语言的、行为的方式刺激大脑时，人就会产生各种内在反映即情感，这种情感会通过人体相应的表情呈现出来，表现在人的面部、身体、姿态、声音上。人们常说情动之于心、形之于外、传之于声就是这个意思。

面部是身体上最易引起注意的部位、是非常复杂的表情管道。面部表情基本上可以分为惊讶、害怕、生气、嫌恶、伤心，但亦可同时多种结合在一起。若你对对方或当时的情况了解的话，你可以很正确地判断出对方面部表情所代表的情绪。

人的面部表情是复杂的。人的面部有数十块表情肌，可产生极其复杂的变化，生成丰富的表情。比如可表现肯定与否定、接纳与拒绝、积极与消极、强烈与轻微的情感。它可控，易变，效果较为明显。据研究，人类的面部表情可以有 25 万余种之多，可见人类表情的丰富。

古人说："人身之有面，犹室之有门，人未入室，先见大门。"现代心理学家总结过一个公式：感情的表达 = 言语（7%）十声音（38%）十表情（55%）。比如打电话时虽然看不到打电话的人，但表情却影响传过来的声音，没有哪一个人能以愤怒的表情说出优美和蔼动听的问候语。可见表情在人与人之间的感情沟通上占有相当重要的地位。

俗话说："人逢喜事精神爽。"如果春风得意，必定是双眉舒展并面带笑容；如果内心悲哀，则必定是双眉紧锁、脸带愁云；如果是怒火中烧，一般来说会脸红脖子粗，面部肌肉抽搐不止，双眉竖立、做咬牙切齿状；如果是有愧于心，也许会脸热心跳，呼吸急促，两耳发热，脸上多半会出汗，这就是古人为什么用"汗颜"来形容羞愧的道理；如果是恐惧，通常会脸色苍白，体温尤其是皮肤温度下降，呼吸不畅，嘴唇颤抖……不一而足。

面部表情同样有助于人与人之间的沟通。虽然一些人在与别人交谈的时候，会竭力控制自己的感情，掩饰自己的表情，尽量做到面无表情，但还是多多少少会将感情写在脸上的。这些自觉或不自觉的面部表情对言语信息来说，起到了一种补充作用，甚至可能完全替代语言信息。人们通过表情来表达自己的情感、态度，也通过表情理解和判断他人的情感和态度，有效的人际沟通离不开表情。

如俗话说的："善人有善相，恶人有恶相。"一个人心地善良宽厚还是邪恶狡诈，热情随和还是冷漠高傲，是乐于交际还是孤独不合群，甚至一个人是从事何种职业，很多时候，是可以从面部表情分辨出来的。

健康的表情留给人们的印象是深刻的，它是优雅风度的重要组成部分，尤其是目光和微笑，他们往往能够展示你的全部。

一个善于通过目光和笑容表达美好感情的人，可以使自己富有想象力，也会给人更多的美感。人际交往中多一些敬重，多一些宽容和理解，表情就可以更美，交际形象就会更好、更有风度。乐观的表情会给你带来更多的朋友。

眼睛是人体传递信息最有效的器官，它能表达出人们最细微的、最精妙的内心情思，从一个人的眼睛中，往往能看到他的整个内心世界。一个人心态的变化，通过瞳孔的放大与收缩来表示，情绪积极兴奋时瞳孔会扩张；消极低沉时瞳孔会收缩。我们在与人交际谈话时，注视对方的眼睛，观察对方的瞳孔，将自己的心情坦露给对方，也获知对方真正的情感，达到心灵的交流。一个良好的交际形象，目光是坦然、亲切、和蔼、有神的。特别是在与人交谈时，目光应该是注视对方，不应该躲闪或游移不定。在整个谈话过程中，目光与对方接触累计应达到全部交谈过程的50%~70%。

通过一个人的面部表情可以看穿一个人的心理，看透他是什么样的人。因此，你在与人沟通过程中，别让表情背叛了你的内心。

眼神是沟通的窗

当年，希尔顿酒店创始人希尔顿听说一家银行要转手，就赶忙东挪西借如数凑足了钱，不料付款时银行老板却变了卦。随后，他沮丧地走进了一家名叫莫布利的旅馆，发现旅馆已经客满。这种情形与他当初帮父亲开小旅馆时的冷清相比简直是天壤之别，他好奇地与站在柜台后面的旅馆老板聊了起来："客房这样贵的价格，房客不会有意见吗？"

"有意见？"旅馆老板理直气壮地说，"谁嫌贵可以不住，没有人强迫他。"

旅馆老板的态度使希尔顿大吃一惊。心想：这家伙用这种态度对待客人：生意还这么好，如果服务再周到一些，生意肯定会更好。于是，他随口说："那你干脆把它卖掉不就得啦，何必自己在这里生闲气呢，也省得惹客人不愉快。"

"老子早就想把这个破店卖掉了，可是没有人要，有什么办法呢。"旅馆老板两手撑着柜台，两眼盯着希尔顿说，"你想想看，在地上随便一戳，就能冒出石油来，谁还有心思来照看这个烂摊子？"

希尔顿仔细打量着对方，不相信地问："那你是真的想卖掉这个旅馆吗？"

旅馆老板回答："要是有人肯买，我马上就办交接。"

希尔顿从旅馆老板的眼神和话语里觉察出了对方急于出手的心理。他突然间意识到，接手这家旅馆也是不错的生意，随即与对方开始讨价。

"如果你诚心买，干脆给你最低价：四万。"老板随口而出。

"能不能再少一点儿？"希尔顿说。

"不行，如果是半个月以前，少于四万五千块我是绝对不卖的。

这几天，我是真有些烦腻了，恨不得马上就带着人挖石油去，所以才减少了五千块，再少就不像话啦!”

“三万七，马上付现款，怎么样?”希尔顿涨红着脸说，心里有点儿紧张。

旅馆老板皱起眉头上下打量着他，不知是怪他不干脆，还是怕他拿不出这么多钱来。没等对方开口，希尔顿又接着说：“我身上只有三万七千元的现款。假如非四万不可，另外三千块我过两天再给你，这样成吗?”

“成啊!”旅馆老板答得很干脆。于是双方成交。就这样，希尔顿拥有了这个旅馆，为他未来的饭店王国铺下了第一块基石。

看一个男人的品位，就看他的袜子；看一个女人的身份，就看她的手指；看一个人的心术，就看他的眼神。眼神会泄露一个人的内心秘密，与人沟通首先要了解眼神背后的心理。

人们常说，眼睛是心灵的窗户，是人类心灵沟通的重要工具，经由眼神可达到交换彼此意见的目的。转瞬即逝的眼神可以包含丰富的信息，足以表达一个人的内心意向。无论一个人心里正在想什么，眼神里都会忠实地反映出来，正如哲人爱默生所说的：“人的眼睛和舌头所说的话一样多，不需要字典，却能从眼睛的语言中了解整个世界。”所以，眼睛也是观察一个人内心世界的重要途径，通过观察眼睛可以探测到对方的内心世界。

孟子认为，观察人的眼睛，可以知道人的善恶。人的心灵是善是恶，都可以从无法掩藏的眼神里显示出来。现代心理学家研究发现，眼神能真实地反映一个人复杂多变的心理活动。例如，一个人感到愉悦、喜爱、兴奋的时候，眼神就会明光发亮；而当人生气、消极的时候，眼神就无精打采。

因此，在和别人说话的过程中，一定要运用好自己的眼神。要想使对方知道自己在认真倾听对方的讲话，你的眼神与对方的眼神一定要保持好联系。对方讲话时你最好与他的眼神不断地会合，不要东张西望。听人讲话时随便看其他东西，说话人一定会感到不高兴。

运用眼神，可以使沟通更为有效。例如，老师如果能够巧妙地运用眼神表达自己的感受，有时真的会收到意想不到的教育效果。上课时，如果某个孩子乱讲话或随便做小动作，干扰其他孩子听讲，老师可以轻轻地走到他的身边，拍拍他的肩膀或者摸摸他的头，给他一个制止的眼神，孩子们会立刻表现得非常好。这样做，比当着全班小朋友的面，对他们进行强行制止好得多，能使孩子容易接受，也不伤害他们的自尊心。

用眼神和别人沟通，不仅表明你很自信，同时也表示你对别人很尊敬。当你发表演说时，眼睛要注视着对方，语气里要带有更多地强调成分，加入更多的感情色彩。如果这时你的眼睛看着别处或盯着地板，那就说明你对自己所说的话并不确信，或者你说的可能根本就不是事实。例如，当销售人员的眼睛炯炯有神地向客户介绍产品时，眼神中透射出的热情、真诚和执着往往比口头说明更能让客户信服。充满热情的眼神，还可以增加客户对产品的信心以及对这场推销活动的好感。

无论我们和谁用什么方式交流，也不管表达的内容是什么，我们肯定会对那些用眼神和我们沟通的人给予更多的关注和回应。

霍尔空间亲密关系论

一位心理学家做过这样一个实验：在一个刚刚开门的大阅览室里，当里面只有一位读者时，心理学家就进去拿椅子坐在他（她）的旁边。试验进行了整整80人次。结果证明，在一个只有两位读者的空旷的阅览室里，没有一个被试者能够忍受一个陌生人紧挨着自己坐下。

在非语言沟通中，空间距离可以显示人们之间的不同关系。对于不同国家的人而言，空间距离有着不同的意义。有趣的是你越往地球北端行进，你会发现人与人之间的空间距离越大。而越往南走，人与人之间越亲近则越舒适。一个英国人与人交谈时希望保持一定的距离；阿拉伯人在与人交谈时你几乎可感觉到他的鼻息；而日本人在大笑时总是要捂住嘴以免口气触及对方。

人际交往中，当你无故侵犯或突破另一个人的空间范围圈时，对方就会感到厌烦、不安，甚至恼怒。就一般情况而言，交往双方的人际关系以及所处情境决定着相互间自我空间的范围。

美国空间关系学之父、人类学家爱德华·霍尔将人们交流时下意识同别人保持的空间位置划分为四个区域：亲密距离、个人距离、社会距离和公共距离。

1. 亲密距离

亲密距离分远近两种，近距离是指肌肤能够接触到的距离，而远距离则是指两个人身体保持15~50厘米的距离。这种亲密的距离多出现在情侣、要好的朋友之间，或者是孩子抱住父母及其他人时。如果某些情况使得一些不太熟悉和亲密的人不得已要保持在这种距离中而没有任何能保护他们的非言语的屏障，那么，他们会觉得很尴尬，同时感到自己受到了威胁。想想在拥挤的汽车或电梯中，我们是如何避免眼神接触和交流或者是选择转身离开的。当不可避免地碰到彼此时，又如何变得紧张不安。即便相互之间有眼神的交流，这种交流也是短暂的，并且通常会很有礼貌、毫无冒犯意思地笑一笑。

2. 个人距离

个人距离中的近距离为 45~75 厘米，这是在聚会中交谈的最佳距离，正好能相互握手，亲切交谈，你会很容易接触到同伴。而远距离则是 75~120 厘米的距离，这个距离能让你私下讨论一些问题而避免接触到彼此。你和朋友会自觉地保持一臂的距离。

3. 社会距离

它的近距离为 1.2~2.1 米，这通常是你跟客户或者服务人员进行交流时保持的距离。这种距离经常用以显示某人的主导地位。一位站着的主管会同坐着的员工们保持这种距离，来显示他（她）更高的地位。社会距离的远距离为 2.1~3.7 米，这种距离会被频繁地用于正式的商务谈判或社交场合中。公司的老板常常会坐在桌子后面同员工们保持这种距离，甚至从他所坐的能够注视到每位员工的位置来看，都可以体现出他更高的地位和身份。在一个开放式的办公室，以这种距离来进行位置的布局也是非常有用的，它可以让员工们不会因为无法同旁边的同事交流而感到自己被忽视、被冷落，从而更好地工作。家庭生活中，丈夫和妻子在阅读、看电视或平时的聊天中也会保持这种距离。

在社交距离范围内，已经没有直接的身体接触，说话时，也要适当提高声音，需要更充分的目光接触。如果谈话者得不到对方目光的支持，他（她）会有强烈的被忽视、被拒绝的感受。这时，相互间的目光接触已是交谈中不可缺少的感情交流形式了。

4. 公共距离

近距离是 3.7~7.6 米，这种距离通常会用于相对不是很正式的集会中。比如，教室中老师和学生之间的距离，或者老板跟一群员工讲话时的距离。远距离为7.6米或者更远的距离，通常是政治家、知名人士同其他人保持的距离。

对于这几个区域范围大小的界定，即使相同文化背景的人也会有一些个体的差异。当不同的人进入到不相对应的区域时，也会让人觉得不舒服。霍尔的四区域模型只能作为一般性的指导和参考。

当人们被看作是客体时，就会忽视空间区域的存在。比如，医生和护士在病人面前讨论他们的病情时，就好像他们根本不存在一样，病人此时变得微不足道；类似的，父母当着13岁女儿的面讨论她今后的发展而无视女儿的想法和意见；或者，两个男人在女同事面前讲淫秽下流的黄色笑话。这些情况中，他人的人格尊严就没有得到尊重。如果你只把别人当成是一个客体来看待或者根本不和他们交流，那你就不会重视别人，只会把他们看成是微不足道的人。

领地类似于个人空间。它是让你能随心所欲并感觉到安全的地方。在你的领地中，你可以放松自己，不必担心外界的干扰。那也许是你的家、你的办公室、你最喜欢的椅子，或者只是一个你在海滩上搭着毛巾做几个小时日光浴的地方。动物们占领、保卫自己领地的本能是众所周知的，人类也不例外。小到街道小区，大到整个民族，当人们感到自己的领地受到威胁时会反应强烈，誓死捍卫。

手势，塑造良好形象

手势是人们交往时不可缺少的动作，是最有表现力的一种“体态语言”。俗话说：“心有所思，手有所指。”手的重要性并不亚于眼睛，甚至可以说手就是人的第二双眼睛。

手势是无声语言，人们借助手势传达各种信息，表达各种感情。手势表现的含义非常丰富，表达的感情也非常微妙复杂。如招手致意，挥手告别，拍手称赞，拱手致谢，举手赞同，摆手拒绝；手抚是爱，手指是怒，手搂是亲，手捧是敬，手遮是羞，等等。手势的含义，或是发出信息，或是表示喜恶、表达感情。能够恰当地运用手势表情达意，会为交际形象增辉。

手势的动用场合很多，在日常的实际运用中，手势包括握手、拱手、招手、挥手、摆手、摇手、伸出手臂或手指等动作。所有种类的这些姿态要做到有感而发，准确、自然、优雅而不生硬，一定要从实际出发，使动作恰当而简明地说明问题，表达感情。

那么，正确的手势又是如何呢？常见的手势分为以下 3 种：

1. 情意手势

主要用来表达谈话者的情感。如在演讲中说道“我们一定要扭亏为盈”，他的右手由右上方向左下方劈下，并在句尾的“盈”字顺势握成拳头，显得有力而果断，给人以信心和力量。

2. 象形手势

用来描摹、比画具体事物或人的形貌。“什么是爱”和“爱，不是得到，而是奉献!”配合有声语言，双臂在胸前平伸，臂微弯，手心朝上，模拟献物状，会加深对方对爱的理解。

3. 象征手势

象征手势用来表达抽象概念。“我们要去的地方是国家最需要建设的地方!”配合有声语言，右手向前方伸出，象征西部、边疆等最需要的地方。

手势可以根据手的动作范围分为三个区域：上区为肩部以上，多用于情绪刺激，在演讲、辩论中应用较多；中区为肩部至腰部，多用于一般性的叙述事物和说明事理，表现坦诚、平静、和气等中性意义，这是最常用的领域；下区为腰部以下，多表示憎恶、不悦、不屑、不齿、排斥、否定、压抑等。

手势的巧妙运用会有助于塑造良好的形象，优雅的气质，并适当地表现形象；不良的扰人手势，则会严重影响形象，会让沟通信息受到干扰。使用手势应该注意：

1. 在交往中，手势不宜过多，动作不宜过大，给人以优雅、含蓄和彬彬有礼之感，切忌“指手画脚”和“手舞足蹈”。

2. 打招呼、致意、告别、欢呼、鼓掌属于手势范围，应该注意其力度的大小、速度的快慢、时间的长短，不可过度。鼓掌是表示欢迎、祝贺、赞许、致谢等的礼貌举止。在正式社交场合，观看文艺演出、重要人物出现、听报告、听演讲等都用热烈鼓掌表示钦佩、祝贺。鼓掌的标准动作应该是用右手掌轻拍左手掌的掌心，鼓掌时不应戴手套，宜自然，切忌为掌声大而使劲鼓掌，应自然终止。鼓掌要热烈，但不要“忘形”，一旦忘形，鼓掌的意义就演变为“喝倒彩”“鼓倒掌”，有起哄之嫌；这样是失礼的。所以鼓掌尽量不要用语言配合，那是缺乏修养的表现。

3. 在任何情况下都不要用大拇指指自己的鼻尖和用手指指点他人。谈到自己时应用手掌轻按自己的左胸，那样会显得端庄、大方、可信。用手指指点他人的手势是不礼貌的。

4. 一般认为，掌心向上的手势有诚恳、尊重他人的含义；掌心向下的手势意味着不够坦率、缺乏诚意等。握紧拳头暗示进攻和自卫，也表示愤怒；伸出手指来指点，是要引起他人的注意，含有教训人的意味。

因此，在介绍某人、为某人引路指示方向、请人做某事时，应该掌心向上，以肘关节为轴，上身稍向前倾，以示尊敬。这种手势被认为是诚恳、恭敬、有礼貌的。

5. 有些手势在使用时应注意使用区域和各国不同习惯，不可以乱用。因为各地习俗迥异，相同的手势表达的意思不仅有所不同，还可能是截然相反的。如在我国和某些国家认为竖起大拇指、其余四指弯曲表示称赞夸奖，但澳大利亚则认为竖起大拇指，尤其是横向伸出大拇指是一种污辱。英国人跷起大拇指是拦车要求搭车的意思。用大拇指和食指构成一个圆圈，其他三指伸直，就是“OK”的手势，这一手势在欧洲表示赞扬和允诺的意思，特别在青年学生中广为流行；然而在法国南部、希腊、撒丁岛等地，它的意思恰好相反：在巴西，人们打“OK”这个手势表示的是“肛门”。阿拉伯人用两个小拇指拉在一起表示断交，吉卜赛人掸去肩上的尘土表示你快滚开。

由此不难看出，每种文化都有自己的“手势语言”。千姿百态的手势语言，饱含着人类无比丰富的情感。它虽然不像有声语言那样实用，但在人际交往中却能起到有声语言无法替代的作用。

日常生活中某些不雅的行为举止会令人极为反感，严重影响交际风度和自我形象，应该十分注意避免。如当众搔头皮、掏耳朵、抠鼻孔、剔牙、咬指甲、剜眼屎、搓泥垢等，特别是在餐桌上。参加交际活动前不要吃葱、蒜、韭菜等异味食品，如果已经吃过这类食品应该漱口，含茶叶、口香糖、口香液以除异味。咳嗽、打喷嚏时，请用手帕或手巾纸捂住嘴转向一侧，避免发出大声。口中有痰请吐在手纸里、手帕中，手中的废物请扔进垃圾箱，特别是拜访别人时，这些简单的礼仪要求都是必须遵守的，否则你将是一位不受欢迎的人。

手势动作还应精当，从开始到结束真正地吸引听众的注意力。不恰当的手势动作，如舞蹈类的动作，很容易引起听者的反感，更不会有好的表达效果。

头部动作虽然简单，但运用得当也能传递一定的信息。如点头表示肯定、赞许；摇头表示拒绝、否定；歪头表示怀疑、深思或撒娇。

脚的动作除了表达强烈的感情时有跺脚的动作以外，一般不宜使用。站立时脚不应抖动，这样给人不稳重或不耐烦的感觉。

有力的手势必须发自内心，手势不能配合个性或者说话的内容，反倒会弄拧所传达的信息。做一个成功的手势时，整个肢体都在进行配合，这样持续完整的手势语，表示对身处的状况泰然自若；肯定的手势可以扩大自信，却不是为说话的内容添油加醋。手势是无法预先设计的，必须用感觉来产生，同时为了好好发挥手势语，手势必须真正发自内心。

第十章
细节“心理学”，轻松提升沟通效率

细节决定成败，一句朴实的话语、一个专注的眼神、一次小小的让步，都可能对沟通产生重大影响。从细节可以掌握一个人的心理特征、生活习惯，兴趣爱好等。从细节做起，你的沟通成效会立刻得到提升，从而轻松赢得好人脉。

名字中的心理哲学

张伯伦负责将汽车公司为罗斯福制造的汽车送进白宫。张伯伦到白宫的时候，总统显得特别愉快，他直呼张伯伦的名字，这让张伯伦感到十分欣慰。当罗斯福的朋友们和白宫的官员们赞美这部车子时，罗斯福又真诚地称赞了张伯伦，为他的付出表示了衷心的感谢。张伯伦把驾驶方面的事情讲过后，总统才去会见客人。

后来张伯伦带了一位技工去白宫，并把他介绍给罗斯福总统。技工并没有同总统谈话，罗斯福总统只听到过一次他的名字。技工是个怕羞的人，躲在后面，但当他们要离去时，总统找到这个技工，跟他握手，叫他的名字，并感谢他来华盛顿。总统对这个技工的致谢，并非出于表面，而是真诚用心。

张伯伦回到纽约之后，收到了一张罗斯福总统的签名照片，以及谢词，再度谢谢他的帮忙。张伯伦十分惊讶："他怎么有时间做这件事，对我来说是一项秘密。"

现代社会，人们交往频繁而短暂，我们每天都会和很多陌生人打交道。而如果想要获取别人对你的好感，戴尔·卡耐基说："一种既简单又最重要的获取好感的方法，就是牢记别人的姓名。"的确如此，对于任何一个人来说，别人能记住他的名字，是对自己的关注，更是在无意间拉近了双方的距离。这就是一种感情投资，甚至会带来意想不到的效果。

人们都渴望被他人尊重，而记住别人的名字，则会给人受尊重的感觉。叫出对方的名字就等于跟对方说"我很重视你""我很欣赏你"等等，这样会让对方感受到尊重，他也会对你产生好感。记住对方的名字，而且很轻易就叫出来，等于给予别人一个巧妙而有效的赞美。若是把人家的名字忘掉或搞错了，就会无形中划出一段距离。

有时候要记住一个人的名字真是难，尤其当它不太好念时，一般人都不愿意去记它，心想：算了！就叫他小名好了，而且容易记。锡得·李维拜访了一个名字非常难念的顾客。他叫尼古得玛斯·帕帕都拉斯。别人都只叫他“尼克”。李维告诉我们说：“在我拜访他之前，我特别用心地念了几遍他的名字。当我用全名称呼他：‘早安，尼古得玛斯·帕帕都拉斯先生’时，他呆住了。过了几分钟，他都没有答话。最后，眼泪滚下他的双颊，他说：‘李维先生，我在这个国家十五年了，从没有一个人会试着用我的全名来称呼我。’”

姓名是一个人的符号，它蕴含着人类的自尊、个性与自由。人们在随手写字的时候，总是信笔写下自己的名字，就证明了这一点。尊重一个人莫过于尊重他的名字。

能够牢记结识的所有人物的姓名，是一项重要的人际交往能力。即使是只有一面之缘，如果你随时随地能够准确地称呼他的姓名，是对他最大的恭维和赞赏。

名字能使人出众，它能使他在许多人中显得独立。我们所做的要求和我们要传递的信息，只要我们从名字着手，把它当成一项感情投资，把它变成一种习惯，你就会在人际关系中占据有利的地位。

语气反映人的情绪

俗话说得好："一句话能把人说笑，也能把人说恼。"在沟通中，千万不要小觑语调和语气的作用。同样一句话，用不同的语调、语气会表达出不同的意思。它就像是一个人的表情，能让对方直接看到你的反应，进而揣测你的真实意思。那些能把人说"笑"的语言，通常是柔和甜美的。从古至今，和气待人被视为一种美德。使用柔和的语言基调是最值得提倡的一种交际方式。

莎士比亚说："要是你想要到达自己的目的地，你必须用温和一点儿的态度向人家问路。"柔和的语言基调，是每个人都乐意听到的，也是每个人必须追求的，尤其是刚步入社会的大学生。现在社会竞争压力大，年轻人大都是满腔热血，有时候遇到什么事不懂忍耐，说话时的腔调也会变得很生硬，这样很难被人接受，也就减弱了沟通的有效性。反之，语调柔和、语言含蓄、措辞委婉的说话方式会使对方感到亲切和愉悦，交谈更容易进行下去，往往能收到意想不到的效果。这些是年轻人最应该注意的，尤其是做销售工作的人。

柔言谈吐主要表现为语气亲切、语调柔和、语言含蓄、措辞委婉、说理自然。这样的谈吐会让对方感到亲切和愉悦，所谈之言也易于入耳生效，往往具有以柔克刚的征服效果。

一位经营家电的商场营业员遇到一位十分挑剔的女顾客。该顾客在几个剃须刀之间选来选去，选了将近一个小时还没选好。营业员因为顾客太多不得不去照顾其他顾客。这位女顾客觉得自己受到冷落，就大声指责说："你们这是什么服务态度，没看见我先来的吗？赶快先来为我服务，我还有急事。"

营业员赶快安排好其他顾客后说："请您原谅，我们店里生意太忙，对您服务不周到，让您久等了。”营业员诚恳的态度和柔和的语言，让那位女顾客的脸一下子红了，转而难为情地说：“我的口气也不好，请你原谅。”

这位女顾客感觉受了冷落，情绪激动，如果营业员和她较真儿，后果一定不容乐观。其实，有理不在声高，不是把话说得咄咄逼人才有分量，充满尊重、宽容和理解的话语会产生一种感化力量，引起对方心理的变化，使事态朝着较好的一面发展。多使用谦辞、敬辞、礼貌用语，多用一些褒义词、中性词，语气上尽量委婉是说话时应遵循的原则。

另外，当你和他人意见不合，又想坚持己见时，万万不可对他人讥讽嘲笑，横加指责，而应委婉地表达自己的坚定立场，这样才能避免冲突，并收获良好的效果。

1940 年，处于前线的英国已经无钱从美国“现购自运”军用物资，一些美国人便想放弃援英，他们没有看到唇亡齿寒的严重事态。罗斯福总统在记者招待会上宣传《租借法》以说服他们，为国会通过此法成功地营造了舆论氛围。

一开始，罗斯福并不是直接指责这些人目光短浅，因为这样除了会触犯众怒得到适得其反的结果外没有别的作用。这时候的罗斯福语重心长地向大家讲解了事情的利害关系。他用通俗易懂的比喻，深入浅出地说明理由，点中要害，人们不得不心悦诚服。这时候的罗斯福更是妙语连珠、以理服人，他说：“如果我邻居家失火了，在四五百英尺以外，我有一截浇花园的水龙带，若给邻居拿去接上水龙头，就可能帮他把火灭掉，火势也就不会蔓延到我家。这时，我该怎么办呢？我总不能在救火之前这么跟他说吧：‘喂！伙计，这管子是我花 15 美元买来的，你得照价付钱。’而这时，邻居又刚好没钱，那该如何是好呢？我应当不要他的 15 美元钱，而是让他在灭火之后还我水龙带。如果火灭了，水龙带还完好，那他就会连声道谢，并物归原主。而如果他因救火弄坏了水龙带，但答应照赔不误，现在，我拿回来的是一条仍可用的浇花园的水龙带，这样也不吃亏。”

罗斯福总统援英的决心非常坚决，但他并没有直接表达这种强硬的态度，而是用通俗的比喻来表明自己的真实想法，从而达到了较好的说服效果。

可见，达到目的的方法有多种，但最好的往往是看似柔和，但事实上柔中带刚的那种。

恰当运用语调和语气可以建立起别人对你的信赖感。在与别人沟通时语气一定要轻松自然，使人产生亲切感；而语调的高低则要视情况而定，最好能与对方的语调保持一致。不要用满不在乎、含糊不清的语气说话，这样会让别人觉得你不够真诚；不要用反问、讽刺、鄙视、训斥的语气说话，这样会使人感到厌烦。在讲述一些重要的事情时，要加重语调，以给人留下深刻的印象；在想要唤起别人的注意时，可以压低声音，这会给对方以神秘感。

每个人微妙的心理变化都可以通过语气传达出来，所以，在沟通时，我们要端正自己的心态，改掉直率表露的习惯。我们在语调上的高低变化则可以传达一些重要的信息，语调高的地方就是我们要说的重点，把握好说话的语调，可以让别人更清楚地明白你说的话的意思。比如，我们在劝导别人时，要以征询的口气征求对方的意见，委婉含蓄地规劝对方，引领其改正错误；在与别人解释问题时，要尽量用第一人称来叙述，平静地表达自己的观点；在与别人谈论事情时，应该多提起对方，少提起自己；谈话时语气应当和缓委婉，能给人以轻松的感觉，还能使人产生信赖的心理。

当你心情不平静时，你的语调肯定也会受到影响。从一个人的语调可以听出他是一个令人敬佩且幽默的人，还是一个阴险狡猾的人。每个人都具有不同的性格特征，我们可以从他说话的语调中听出来。

语气和语调也会传达出对方的情感状态：柔和的声音表示对方

的心情很好，声音颤抖表示对方很激动或紧张，声音低沉表示对方正处于一种同情的状态，语调阴阳怪气通常是在冷嘲热讽，用鼻音发出哼声则代表傲慢、不屑、恼怒。

表达方式中的小细节

人的思想是很奇怪的，通常人想要的东西都会实现，除非你不敢想。所以，要经常想正面的东西，负面的话语也应尽可能经由正面的字眼表达出来。

有一个有趣的小实验：一个人跟你说“不要想象一只粉红色的猪跳着舞从你背后经过，不要想象这只猪有多么可爱，千万不要想象，不要想象”。听到这句话，你的脑海中浮现的是什么样的画面？绝大多数人脑海中肯定就浮现出话中提到的这只猪了。

人的大脑是不接受否定的说法的，在潜意识中，我们往往只听到了否定后面的内容，并把它当成事实的一部分。所以，尽量使用与情绪、感觉相关联的正面词语，它们包括开心、快乐、幸福、成功、优秀、信任等。同时，有一个词要引起你足够的注意，那就是“但是”。这个词的出现，意味着后边要说的话，跟前边已经说的话意思不一样，是一个转折点。当你刚刚说完“是的，我赞同你的说法，但是……”对方的感觉一下子就改变了。所以，我们要使用一个更加安全、更加有效的转折词，如“后来”，那样听者也易于接受别人的建议。

语言就像一个人的名片，你完全可以通过言辞来展示你的个性，使自己变得与众不同。我们头脑中已经有了成千上万的词汇，现在的问题是如何来唤醒这些词汇，使它们成为我们成功的资本。因为只有懂得有意识地巧妙运用言辞，并避免讲那些毫无意义而空洞的话，才不会让自己变得很被动，而是应对自如地表达出自己想要表达的东西。

正面字眼（相对于负面字眼）不但让你能清楚地表达，而且能达到目的。类似“同意”“优势”和“值得赞美的”等正面字眼，会让对方容易接受你想传递的信息；负面字眼像“反应过度”“令人怀疑”和“不同意”，则不易为人接受，甚至可能引起他们的抗拒。比如跟孩子沟通的时候，越说“不紧张”，孩子越会紧张；越说“没事”，就越会出事。所以，在和孩子沟通的时候千万不要用“不”这个字。

换个词语，可以改变一个人的心态。对于常用负面词语的人，我们可以用正面词语练习这个技巧帮助他们改善人生。

当然，在与同事和上司的交往过程中懂得使用适当的言辞，也并非易事。在商业谈话中应该尽快切入正题，但在切入正题之后，一些人总是喜欢使用一些繁冗的托词，例如：“我原来只是认为……”“我们也许可以……”这就使得表达效果大打折扣。

1. 不要说“但是”，而要说“而且”

试想你很赞成别人的想法，你可能会说：“这个想法很好，但是你必须……”本来你想你的话字字千金，想当然会深受他们的爱戴啦！但你字字千金的话本应是认可别人的，这样子一说，这种认可就大打折扣了。你完全可以说出一个比较具体的希望来表达你的赞赏和建议，比如说：“我觉得这个建议很好，而且，如果在这里再稍微改动一下的话，也许会更好……”

2. 不要再说“老实说”

很多人一起沟通（比如开会、闲聊）的时候，会对各种建议进行讨论。于是你说：“老实说，我觉得……”在别人看来，你好像在特别强调你的诚意。你当然是非常有诚意的，可是干吗还要特别强调一下呢？所以你最好说：“我觉得，我们应该……”

3. 不要说“首先”，而要说“已经”

你要向老板汇报一项工程的进展情况。你跟老板讲道：“我必须得首先熟悉一下这项工作。”想想看吧，这样的话可能会使老板（包括你自己）觉得，你还有很多事需要做，却绝不会觉得你已经做完了一些事情。这样的讲话态度会给人一种很悲观的感觉，而绝不是乐观。所以建议你最好是这样说："是的，我已经相当熟悉这项工作了。"

4. 不要说"仅仅"

如果在一次很重要的攻关会上你提出了一条建议，你是这样说的："这仅仅是我的一个建议。"这样说是绝对不可以的！因为这样一来，你的想法、功劳包括你自己的价值都会大大贬值。本来是很利于合作和团体意识的一个主意，反而让与会者只感觉到你的自信心不够。最好这样说："这就是我的建议。"

5. 不要说"错"，而要说"不对"

一位同事不小心把一份工作计划书浸上了水，正在向客户道歉。你当然知道，他犯了错误，惹恼了客户，于是你对他说："这件事情是你的错，你必须承担责任。"这样一来，只会引起对方的厌烦心理。你的目的是调和双方的矛盾，避免发生争端。所以，把你的否定态度表达得委婉一些，实事求是地说明你的理由。比如说："你这样做的确是有不对的地方，你最好能够为此承担责任。"

6. 不要说"本来……"

你和你的谈话对象对某件事情各自持不同看法。你轻描淡写地说道："我本来是持不同看法的。"一个看似不起眼的小词，却不但没有突出你的立场，反而让你没有了立场。类似的表达方式如"的确""严格来讲"等，干脆直截了当地说："对此我有不同看法。"

7. 不要说"几点左右"，而要说"几点整"

在和一个重要的生意伙伴通电话时，你对他说："我在这周末左右再给您打一次电话。"这就给人一种印象——你并不想立刻拍板，甚至是更糟糕的印象——你的工作态度并不可靠。最好是说："明天11点整我再打电话给您。"

8. 不要说“务必……”，而要说“请您……”

你不久后就要把自己所负责的一份企划交上去。大家压力已经很大了，而你又对大家说：“你们务必再考虑一下……”这样的口气恐怕很难带来高效率，反而会给别人压力，使他们产生逆反心理。但如果反过来呢，谁会去拒绝一个友好而礼貌的请求呢？所以最好这样说：“请您考虑一下……”

多用正面词语，对方就会认为你是个乐观、积极的人，大家都喜欢和积极乐观的人打交道。积极的人敬业乐观，愿意接受新鲜的点子和面对挑战。同时，因为他们对自己有信心，所以也较能接纳、赞美别人。让自己的思想、语言、文字及行为都表现得积极乐观，别人会因你的言语、行为而肯定你是一个了解自己，并能掌握自己人生的人。如此，你的人缘或成功的机会必定会大幅提升。

十个细节帮你赢得人缘

优雅、得体的谈吐可以帮助你在社交场合中游刃有余，尽显魅力，展现深厚的涵养，充分展示你的自我风采，迅速走进他人的心灵世界，得到他人的尊重和爱戴，成为人际圈里的焦点人物。好人缘是一个人的巨大财富。有了它，事业上会顺利，生活上会如意。但它不会从天上掉下来，而是需要你的辛勤努力。下面十个小细节，可以助你一臂之力。

1. 见人主动打招呼

小张性格清高，从不主动和别人打招呼，每次遇到熟人也总是点点头而已。大学毕业那年，每个同学都有几个好朋友依依惜别，只有他一个人孤零零地无人理睬。

参加工作后，他依然故我，总是一副冷漠的表情。有一天，他在路上碰见了同事小崔，看到对方满面春风的样子，他就随口问了一句："小崔，是不是有什么喜事啊？这么高兴？"

小崔兴奋地回答："是啊，我马上就要结婚了。"

小张客气了一句："是吗？祝贺啊。需要帮忙吗？"

没想到小崔想起小张字写得好，就说："小张，你的字写得好，能不能帮我写请帖？"

"当然没问题了。"小张回答，"举手之劳嘛！"

事后，小张和小崔成了很好的朋友。尝到甜头的小张从此也变得开朗、热情起来，见了别人总是主动打招呼，人缘越来越好。

2. 不要询问对方父母的收入

和人交朋友最好不要打听人家的父母是干什么工作的。这在我们中国其实倒也普遍，但是社会在发展、观念在进步，现代人觉得，总是询问别人的家庭背景是不礼貌的，也显得过于势利。

尽管不问收入这一交际原则在欧美已经是基本的礼仪，可是我们还是经常能碰到一些不知趣的人总是询问这个问题，让人答也不好，不答也不好。尤其在中国这样要面子的国度，你的收入水平有时候关系着你受别人尊重的程度，你说你的收入很高吧，伤了别人的自尊心，甚至让人眼红吃醋；你要说你收入很低吧，别人又觉得你没什么本事。所以，设身处地来讲，这个问题不要问。这也是关乎个人修养的问题。

3. 让朋友们了解自己

小静人不错，工作也很努力，但是在公司人缘始终不是太好。原来，她从来都不在同事们面前谈自己，同事们甚至连她有没有男朋友、结没结婚都不知道。平时大家在一起七嘴八舌，有的谈自己在家里如何跟姐妹兄弟吵架，有的谈自己的老公为何有这样那样的小毛病，有的谈自己周末和朋友买了什么什么东西。可是小静呢，总是闭口不谈自己的私生活，神神秘秘，只是聊聊一些无关痛痒的公共话题。所以，久而久之，大家觉得她不会敞开心扉，难以接近，也难以了解，自然都跟她不亲密了。

有时候向别人讲述一些自己的情况可以增进了解、增加亲密感，从而消除那些由于陌生而带来的距离感。像老公睡觉打呼噜啊、儿子上学偷偷交女朋友啊、女朋友耍小脾气啊等，都可以拿来说一说，一来可以让别人更了解你的喜怒哀乐，二来可以让别人帮忙一起讨论解决的方案，三来让别人认为你性格直爽、内心敞亮，何乐而不为呢？当然，我们是要透露一些无关是非的小秘密，千万不要卖弄隐私，也不要把别人的隐私拿来嚼舌头。

4. 在细节之处表示体贴

对对方的情绪、生活或工作状况表示关心，会很容易赢得好感。当然，关心不能过分，不能超越两人的关系，更不能借此探询别人的隐私。

A：怎么你看上去好像很累？

B：哦，可能昨天睡得晚了。

A：是吗？那你待会儿躺床上睡一会儿吧。到我家不用客气！

B：呵呵，谢谢。没事的。

A：来，要不先吃点菠萝，清爽点儿！

B：嗯，好的。

5. 大方接受别人的善意

小王和同学李雪经人介绍去拜访一位仰慕已久的老师。到了老师家里，师母亲切地招呼他们吃水果，并热情地给他们一人拿了一个苹果。因是初次上门，小王有点儿不好意思，所以再三推辞后接过水果放在桌角。热情的师母看了看他没说什么，不过，却同接过苹果就吃的李雪聊起了家常。

吃掉主人的东西是对其热情款待的心意的一种最好的肯定，也显得不生分。其实，像这样的情景随处可见，比如去朋友家做客、在咖啡店里碰上朋友，他们会热情地招呼你入座，然后请你吃东西。这时候最好别不好意思，不妨大大方方接过来吃，他们若是真心的，你接过来就表示你接纳了他们的热情，他们会自然地感到你的亲切与随和。

6. 目送朋友离开

一天晚上，杜鹃从朋友家里出来，朋友说："我送送你吧！"她推辞说不用了。朋友就没有再送。在她走下第三级楼梯时，杜鹃听到防盗门"咣当"一声关上了，她的心倏地一片冰凉。从此，她再见到朋友总觉得有一层隔膜。

目送朋友离开或者一起下楼不仅是出于礼貌，也体现了彼此情感的交流。如果有朋友到你家做客，朋友起身告辞，尽管朋友口中再三说不用相送，但是如果你陪他一起下楼，这一小小的细节会温暖他回家时漫长的道路，从此他心里就会记住你的盛情。不过，应注意的是，热情不可过度，如果客人是一对正处于热恋中的朋友，而他们也再三不要你相送，你只需在看不见他们的身影时轻轻关上门就行了。

7. 及时通告信息

孙蓝和吴轩同租一所房子，情如姐妹。每次孙蓝有事出去，如果吴轩不在，她都会写一张条子或发个短信告诉吴轩，例如：“今天下班公司聚餐，晚上不回来吃饭，你自己好好吃饭哦！”吴轩有事时也会及时通知孙蓝：“收据就放在左边第二个抽屉，别忘了。”这样一来，彼此都会对对方的行踪很了解，不会凭空乱着急。

跟你身边亲密的人互通信息，这样万一有急事，别人也能找到你，不至于耽误事情；而且，万一你遇到意外情况，也会有朋友及时给你帮助。

8. 保持适当距离

如果因为两个人关系亲密、不分彼此，常常不请自来，三天两头登门，甚至赖在人家家里不走，就失去了交往的分寸。人家可以忍你一天两天，但是时间久了，必定会对你生厌。每个人都需要私人空间、需要独自享受，所以两个人之间，彼此尊重、给人空间都是必需的。长久而完美的人际关系往往是君子之交淡如水，像一杯清茶，自在气氤氲，绝不喧嚣。

9. 学会变通，不可一味一本正经

没有人会喜欢滑头滑脑的人，但是一味板着脸、过于严肃认真的人，也不会太受欢迎。做人当然要实实在在，做事也当然要规规矩矩，但是，千万要记得“讲人情”，要学会讲理，更要学会讲情。事情是死的，人是活的，很多原则性很强的事情换一个方法来做，会更容易让大多数人接受。这就是应变能力。

这个世界，每个人都有自己的一套原则，你想让大家接受自己的原则，不行，也没必要。他有他的原则，你有你的原则，不一定要完全相同，但要彼此尊重、互相包容，然后再达成统一。当然，这不是要你当“和事佬”“滥好人”，也绝对不是让你“和稀泥”，而是要理和情两者兼顾，既把握原则，又把话说到，让人能够很好地接受。

10. 不要打探隐私

好奇是人的天性，但是作为一个成熟的人，应该学会控制自己的好奇心。为什么现在人们对“狗仔队”深恶痛绝？因为人们不喜欢自己家里被安上摄像头、监视器，每天在别人的监视下生活。为什么到了晚上，家家户户都拉上窗帘？因为人们不希望在别人的窥视下生活，希望享受自己的私密空间。

况且，很多事在自己说来无所谓，可是到了大庭广众之下，就变得非常可笑和丑陋，这样类似的事情是不希望别人知道的。所以，除了对很亲近的人或者很熟悉的朋友之外，一般不要去询问别人的私生活。有时即使是为了表示自己的关心，也要先征得别人的同意，等别人自愿告诉你。假如对方愿意把事情告诉你，你千万不要把那些“私事”到处传播。

以上十个细节只是一个指导性的意见，还需要在生活中去实践、去体会，才能发挥良好的功效。希望这些细节上的小建议能够帮助你顺利、愉快地与人交往，让你赢得宽广的人脉！

十个过失让你前功尽弃

沟通中，有一些细节你稍有不慎，就可能面临失败的结局。这些细节被称为沟通中的致命过失。因为它们很容易毁掉我们的关系，从而导致猜测、误解、恼怒、挫折感，使沟通被完全破坏。

不幸的是我们每天都发现这些过失在我们身边发生。对于我们来说，承认这些过失是很容易的，但是在彼此的沟通中，这些过失又不断地重复出现，做到坦然面对却很难。

如果你想成功地进行沟通，你就要避免这10种过失。对于每一种过失，思考一下刚听到它时，你是什么反应，你是否承认在你的沟通中也存在着这些过失？

1. 评价

当我们作出对另一个人肯定或否定的判断时，这暗示着我们认为在某种程度上，我们比他们“好”。而当我们以一般方式而非特殊方式评价别人时，尤其会这样。“你是一个好人”或者“你真令人失望”，这两种评价都是无益的。因为这是一般性的评价，这会使接受者觉得，他们被轻视了，因此才得到如此简单的评价。所以要避免一般性的泛泛而论，比如：“你真不体贴别人”，或者“如果你打算去哪儿，你需要作出更多的承诺”。

在表扬或批评时要具体化。在没有说明原因前，不要说你喜欢什么或不喜欢什么。要保留事实，而不是观点和解释。用一些中性词汇以及你的肢体语言、语音、语调和适合你使用的词汇传递你对他人的尊敬。

2. 说教

讲道理、责备、羞辱以及抓住过去的事情不放，都是说教的形式。这肯定会把好的沟通引入深渊。

当我们认为自己比别人知道得多，或者经验更丰富，或者价值观更优越时，我们往往会变得严肃、自大，开始讲道理。但因为我们对他人的参考体系并不完全了解，我们的说教未必是中肯和受欢迎的。

不要说教，尽量“穿他们的鞋走一段路”。你越这么做，可能你越不会去教训别人，而更倾向于欣赏、重视和接受。用积极的倾听技巧帮助人们揭示其处境。如果他们想征求你的建议时，他们也会这么做的。

责备和羞辱是两种常见的说教方式。如果某人犯了错误，我们是否应当谴责他们，让他们感到滋味不好受呢？还是应当向他们指出什么地方出错了以及下次如何改正呢？既然人们通常并非有意地犯错，那就应当着眼于将来，帮助他们决定下次该怎么做无疑是一个更好的做法。

指出别人的错误是一件很“诱人”的事情，一旦我们习惯于此，很容易抓住过去的事情不放，让人重新回忆和体验他们做错的事情，或我们不赞赏的事情。这样做很不好。

3. 标榜

在一个组织或一个团体中，你或许听到过下面一些评论：

“你没有完全理解。”

“你的问题是……”

“你是一个妄想的人。”

“你是一个懒惰的人。”

“你努力得不够。”

在交流中像这类“标签”式的评论给人一种居高临下的感觉。这种喜欢标榜、评论的人和他们的行为方式，常常使交流处于危险的境地。

要抵制这种行为方式。如果你想改变对方所说的或所做的，那么就要清晰地陈述你所听到的或看到的，仅仅陈述事实，不要加任何的解释和“标签”式的评语。如果你觉得必要，告诉他们这种行为的后果。

4. 讽刺挖苦

尽管讽刺挖苦是文化生活中的一部分，但是讽刺是带有攻击性的，即使是友善的嘲弄，有时也会失去友情，产生有害的情绪。讽刺挖苦抑制了开放式的交流，它是荒谬、侮辱的代名词，它将导致同样的后果。直截了当地表达你想要说的，而不要以讥讽的评论来掩饰你的想法。

5. 命令

命令是当你告诉某人要做某事时，用的是一种不容商量的口吻，不给人以任何商量的余地。你的命令使得其他人感觉他们就像机器一样。如此做的结果是，要么引起一场争斗，要么是憎恶的屈服，这取决于你当时的地位。下一次当你又要说“你必须……”时，请你停下来，寻找更好的方式来传递你的信息。

另一种更微妙的命令形式是“强加于人”，通常你很礼貌地运用富于逻辑的陈述，你设想别人都同意你的观点，实际上你没有给他们发表意见的机会，而使谈话非常简洁迅速。你用威吓的方式使别人屈从你的观点。

应该运用你的神入和习惯用语，使别人比较容易地理解你想做什么或不想做什么，并提出改进意见。只要可能，关注你想要的结果。并且让别人决定他们应该采取什么行动。如果你发现你自己正在引出一场迅速获得你想要的结果的谈话，问问你自己是否强加于人了，还是以威慑力量使别人屈服了。如果是这样，你想想应做些什么？听听别人的意见，看看是否能帮助你更有效地达到你的目的，促进相互关系。

6. 仓促行事

命令的一种更隐蔽的方式是仓促行事。我们通常假设别人是赞成的，而没有给他们真正的机会来表明自己的观点，然后就看似很有礼貌地做出断言。通过迅速地进行谈话，我们迫使他人屈从于我们的观点。

如果你没有给别人讲话的机会，不要太过匆忙。寻找一些“点头”“嗯”等语言和非语言的暗示别人态度的信号。如果有必要，停下来询问别人是否赞成你，或者有什么要补充的想法。如果你发现自己把谈话迅速地引向你想要的结论，自问是否在犯仓促行事的错误；如果是，那这是你想要的方式吗？它能更好地服务于你的目的吗？听听他人的意见是否对你们的关系更有好处？

7. 威胁

以“如果你不这样做，就……”或“你最好……”相威胁，不论是直接的，还是巧妙的，都暗示了一种信息即“否则会怎样”。威胁不仅使人们警惕起来，也为沟通留下了缝隙，因为大多数人总是寻找防御威胁的方法，寻找不服从的方法。

如果理由正当，你可以向人们说明为什么要这样做而不那样做，把结果明确地、公正地告诉大家。要鼓励而不要威胁。

8. 多余的劝告

有些短语像“你将会……”“你应该……”“你试一下，如果你听从我的劝告，你将会……”我们上下嘴唇一碰，有可能使我们就像道学家、传教士或是在演讲一样。

如果人们需要我们的劝告，他们会来找我们的，那时他们会认真地倾听。否则如果是我们强加于他们的，那么我们的劝告或许被忽略，被当作耳旁风。

如果你一定要给予别人一些劝告，那么首先要征得允许，你该这样说：“你不介意我提个建议吧？”或者说：“你不想听听我对那个问题的看法吗？”

9. 模棱两可

如果我们不能一语中的，人们就会猜测我们真正的意思和我们的需要。而人们的心理感应是不相同的，所以人们往往猜错。

要具体！关键是要相互尊敬，运用你的神入，获取你的信息。沟通中的模棱两可还包括你所说的并不是你自己拥有的信息。比如“每个人都知道……”“大多数人都同意”，这些都没有明确表达出你想说的。

10. 转移话题

当交流变得情绪化或个性化，或当有人隐藏他们真实的自我时，我们会感觉很不舒服，并且也将谈话内容表面化。这些都将导致行为的转移，使讲话者改变话题。

我们不能强求每次与他人的谈话都具有深刻的意义，但从另一方面来说，交流有时为我们提供更多的原来我们不知道的信息和个人见解。一个团队的成员，一起工作的同事，应该能够交流自己的需要和需求，谈一些个人问题，成功的交流不应阻止人们的这种愿望。

要以相互尊重为基础。避免趾高气扬，不要对他人指手画脚。避免离题万里，不要说那些空洞无物的陈词滥调。

用一些毫无意义的话安慰或同情别人也是转移话题的表现，也会使我们远离沟通的目标，把双方的关系维持在一个很浅薄的层次上。

“明天你的感觉就不一样了。”

“别担心，守得云开见月明，都会过去的。”

“我真为你难过。”

这些话不会有什么效果，因为都是一些无的放矢的话。

消除障碍，争取沟通的成功尽量做到：

完整、正确、及时、清晰、连贯、便于理解，避免混淆、粗略、模糊；

可靠、一致、严密，避免腼腆、捏造；

礼貌、建设性、深思熟虑，避免反复无常、粗鲁、让人痛苦；

合作、诚恳、称赞，避免草率、怪癖、苛刻；

语言舒畅、健康，避免晦涩、冷淡、胆怯；

坦白而不要欺瞒；

干脆而不简单乖戾；

愉快、平静、沉着，避免疯狂或粗鲁。

口才是练出来的，只要在不断的沟通实践中多多体会、多多揣摩、多多练习，相信您一定可以做一个沟通高手！